MONIKA DOROTHEA BRUNST

# Ich treff mich heute mit mir selbst

VIER WOCHEN
FÜR EIN SINNENVOLLES LEBEN

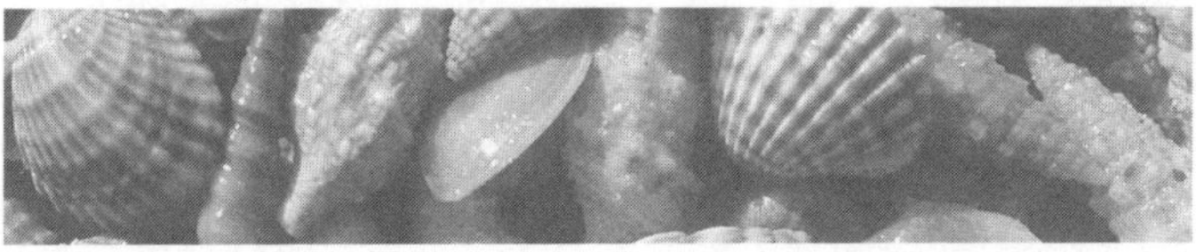

SCHWABENVERLAG

# Ich treff mich heute mit mir selbst

# INHALT

7 EINFÜHRUNG

14 ERSTE WOCHE: SEHEN

Erster Tag . . . . Rot . . . . . . . . . . . . . . . . . . . . . . . . . 16
Zweiter Tag . . . Orange . . . . . . . . . . . . . . . . . . . . . 19
Dritter Tag . . . Gelb . . . . . . . . . . . . . . . . . . . . . . . . 22
Vierter Tag . . . Grün . . . . . . . . . . . . . . . . . . . . . . . . 25
Fünfter Tag . . . Blau . . . . . . . . . . . . . . . . . . . . . . . . 28
Sechster Tag . . Lila . . . . . . . . . . . . . . . . . . . . . . . . . 31
Siebter Tag . . . Weiß . . . . . . . . . . . . . . . . . . . . . . . . 34

37 ZWEITE WOCHE: FÜHLEN – SPÜREN – TASTEN

Erster Tag . . . . Füße . . . . . . . . . . . . . . . . . . . . . . . . 39
Zweiter Tag . . . Hände . . . . . . . . . . . . . . . . . . . . . . . 43
Dritter Tag . . . Schultern und Arme . . . . . . . . . . . . . . 46
Vierter Tag . . . Leibmitte . . . . . . . . . . . . . . . . . . . . . 49
Fünfter Tag . . . Kopf . . . . . . . . . . . . . . . . . . . . . . . . 52
Sechster Tag . . Gesicht . . . . . . . . . . . . . . . . . . . . . . 56
Siebter Tag . . . Herz . . . . . . . . . . . . . . . . . . . . . . . . 60

63 DRITTE WOCHE: HÖREN

Erster Tag . . . . Natur . . . . . . . . . . . . . . . . . . . . . . . 65
Zweiter Tag . . . Hintergrund . . . . . . . . . . . . . . . . . . . 68
Dritter Tag . . . Körper . . . . . . . . . . . . . . . . . . . . . . . 71
Vierter Tag . . . Stille . . . . . . . . . . . . . . . . . . . . . . . . 74

Fünfter Tag Musik . . . . . 77
Sechster Tag Lärm . . . . . 80
Siebter Tag Mein Name . . . . . 83

86 Vierte Woche: RIECHEN UND SCHMECKEN

Erster Tag Kaffeeduft . . . . . 89
Zweiter Tag Süßes . . . . . 92
Dritter Tag Salziges . . . . . 95
Vierter Tag Wohlgerüche . . . . . 98
Fünfter Tag Rauch . . . . . 101
Sechster Tag Essen . . . . . 104
Siebter Tag Blumen . . . . . 107

Schluss . . . . . 110

EINFÜHRUNG

# Sinne üben schafft Sinn

Wo ich mir selbst ganz nahe bin, da finde ich Gott. Wo ich mich authentisch verhalte, unverstellt und wahrhaftig, spüre ich göttliches Wirken. Die Beschäftigung mit mir selbst, mit meinen Empfindungen und Wahrnehmungen hindert mich nicht an einer intensiven Gotteserfahrung. Ich erlebe, dass die Konzentration auf meine Sinne, auf das Sehen, Hören, Spüren, Riechen und Schmecken das Erfahren Gottes fördert. Dabei vertraue ich gern dem dominikanischen Mystiker Meister Eckart, der es so ausdrückt: »Gott ist mir nahe, sogar näher als ich mir selber bin.« Wenn ich mir selbst näher komme, durch meine Sinne, komme ich näher zum Göttlichen in mir.

Die Sinne sind Einfallstore für das Göttliche. Wie sonst soll ich Gottes Worte an mich wahrnehmen? Ich habe nichts anderes als meine Sinne, um Sprache zu verstehen: die gesprochene Sprache, die ich höre, und nicht gesprochene Botschaften, die ich durch Bilder, Erlebnisse und Empfindungen auffasse.

Es gibt viele Möglichkeiten, wie Göttliches mich berühren möchte: durch Düfte, Bilder, Symbole ... Wenn ich mich öffne und meine Sinne schule, wenn ich Momente in meinem Alltag offen lasse, in denen ich diese vergessene Sprache Gottes nahen lasse, entstehen Berührungspunkte mit meinem Gott. Und ich kann antworten.

Berührungspunkte: Manches ist so unscheinbar, dass ich es übersehe oder überhöre. Anderes ist eine Übung wert, um bewusst Kontakt aufzunehmen zu Gott. Ausprobieren und Experimentieren gehören dazu. Wagen Sie Ungewohntes, um Neues zu erfahren und wahrzunehmen.

Eine Erfolgsgarantie gibt es allerdings nicht. Gotteserfahrung lässt sich nicht erzwingen. Wenn Sie sich auf diese spirituelle Reise begeben, dann ist es ein Versuch, Göttliches in Ihren Alltag einzulassen. Auch wenn die vorgeschlagenen Übungen auf den ersten Blick sehr einfach und banal aussehen: Gerade in der verstärkten Aufmerksamkeit für das Einfache und Alltägliche kann ich neue und unerwartete Einsichten gewinnen. Die Übungsweise, die ich Ihnen in diesem Buch vorschlage, möchte Ihnen dabei helfen.

## Wie Sie dieses Buch nutzen können

Wenn Sie am Anfang denken: »Was soll das?«, bringen Sie ein wenig Geduld mit. Legen Sie dieses Übungsbuch nicht gleich zur Seite. Lassen Sie sich nicht beim ersten Anlauf abbringen von Ihrem Vorhaben. Halten Sie einige Tage durch, auch wenn Sie mal einen Tag ausgelassen haben. *Es bringt* wirklich nichts. Dieses Üben ist im wahrsten Sinne zweckfrei. Sie müssen nichts erreichen oder leisten. Sie dürfen sich sagen, dass das Üben nichts zu bringen braucht. *Gott bringt* etwas für Sie: lebendiges Erleben und eine bewusste Kontaktaufnahme zur göttlichen Energie.

Das Übungsbuch ist in vier Kapitel aufgeteilt. Jedes Kapitel ist in sich abgeschlossen. Sie können jede Woche unabhängig für sich beginnen oder die Kapitel in der vorgeschlagenen Reihenfolge lesen.

Wenn Sie wollen, blättern Sie das Buch durch und merken Sie sich einzelne Einheiten. Legen Sie sich ein Lesezeichen hinein.

Oder schreiben Sie sich die Seitenzahl auf und notieren Sie eine für Sie sinnvolle Reihenfolge der Übungstage.

Spontane Menschen schlagen das Buch an irgendeiner Stelle auf und beginnen nach dem Zufallsprinzip. Alles ist erlaubt!

## Lassen Sie sich ein oder: Wie Sie üben können

Lassen Sie sich auf eine Übungsweise ein, die Aufmerksamkeit und Wachheit im Alltag erfordert.

Wie gehen Sie am besten vor? Am Morgen lesen Sie die meditative Einstimmung für den Tag. Je nach Ihrem persönlichen Rhythmus brauchen Sie dafür fünf bis zehn Minuten. Lesen Sie den Text einmal kurz durch, danach ein zweites Mal gründlicher und vertieft. Gönnen Sie sich diese Zeit am Morgen für sich selbst.

In diesem Morgenimpuls stehen Anregungen für den Tag. Eine Anregung besteht zum Beispiel darin, auf die Farbe Rot in Ihrer Umgebung verstärkt zu achten. Dazu brauchen Sie den festen Entschluss, sich tagsüber immer wieder an diese Aufmerksamkeit für die Farbe Rot zu erinnern.

Am Abend schauen Sie ein zweites Mal in Ihr Übungsbuch. Sie finden kurze Fragen, die Sie auf das Thema zurückführen. Wenn Sie merken, dass Sie sich nicht mit ihrer Übung beschäftigt haben, widmen Sie der Tatsache, dass es so war, einige Minuten. Es gab sicher Gründe dafür, warum Sie es nicht geschafft haben. Nehmen Sie sich vor, es am nächsten Tag wieder zu versuchen. Suchen Sie sich die kleinen Pausen, die Leerräume in Ihrem Tagesablauf. Es gibt diese Leerräume, auch wenn sie nur einige Minuten dauern. Lernen Sie, diese Momente wahrzunehmen und zu schätzen. Achten Sie in diesen Momenten besonders auf die Anregung, die Sie morgens für den Tag aufgenommen haben.

Wenn Sie Ihre Übung intensivieren wollen, wiederholen Sie am kommenden Tag denselben Impuls und gehen Sie nicht sofort zum nächsten über. Das Wiederholen stärkt Ihre Wahrnehmungsfähigkeit. Wiederholung bringt Vertiefung. So wie Sie bei einem geliebten Film im Fernsehen bei der Wiederholung Freude empfinden, weil Sie schon wissen, wie es weitergeht.

Folgen Sie der vorgeschlagenen Reihenfolge, liegen 28 Tage vor Ihnen. Das ist die Zeit, die ein weiblicher Zyklus im Durchschnitt dauert. 28 Tage umfasst der Mondmonat. In dieser Zeit wandert die Mondsichel am Himmel, wächst zum vollen Kreis im Vollmond heran, nimmt wieder ab und verschwindet bei Neumond. In matriarchalen Kulturen ist die Mondin, la luna, das Symbol für vier Lebensphasen der Frau: für das Mädchen, die junge Frau, die Frau in der Blüte ihrer Jahre und für die Greisin. In diesen vier Bildern spiegelt sich die Entwicklung des weiblichen Lebenszyklus.

Der Mondmonat ist ein typisch fraulicher Rhythmus. Deshalb ist dieses Buch an die Mondphasen angelehnt.

Sie brauchen sich nicht genau an die Mondphasen zu halten, die im Kalender stehen. Wenn Sie aber gern einen Auftakt suchen, der den Mondphasen entspricht, wählen Sie am besten den Neumond.



## DREI WICHTIGE TIPPS FÜR EINEN SINNEN-ERFÜLLTEN TAG

- Zeit am Morgen einplanen für den Impuls
- Sich tagsüber an den Impuls erinnern und aufmerksam bleiben
- Abends den Tag überblicken und Rückschau halten

## Anleitung für Ungeübte

Exerzitien – geistliche Übungen – sind für manche Menschen ein großes Unterfangen. Sie fühlen sich überfordert und trauen sich nicht zu, längere Einheiten durchzuhalten. Gerade für sie ist dieses Buch als Inspiration und Einstieg gedacht. Die Übungseinheiten sind so gestaltet, dass sie keine geistliche Erfahrung voraussetzen. Trotzdem braucht eine, die diesen spirituellen Weg noch nicht beschritten hat, einen Wegweiser, um sich zu orientieren. Dieser Abschnitt ist als Unterstützung und Hilfe für Ungeübte gedacht. Erfahrene Leserinnen, die geistliche Impulse solcher Art bereits kennen, können ihn überspringen.

Es ist wie mit einem Training, wenn Sie Ihre sportlichen Fähigkeiten aktivieren wollen. Fangen Sie langsam an. Lassen Sie sich die Freiheit, an einem bestimmten Tag anzufangen, der Ihnen gut passt. Das kann der Sonntag sein, weil Sie an diesem Tag mehr Zeit für sich selbst haben, das kann ein Feiertag sein oder der Beginn einer Urlaubszeit. Nehmen Sie sich nicht zu viel auf einmal vor. Es ist nicht nötig, das ganze Programm auf einmal zu absolvieren und alle 28 Tage hintereinander zu üben. Ausschnitte von einer Woche oder von einigen einzelnen Tagen sind durchaus übenswert.

Es genügt, wenn Sie sich vornehmen, jeden Tag morgens zehn bis fünfzehn Minuten der Übung zu widmen. Dafür ist es hilfreich, eine feste Zeit am Tag zu reservieren, in der Sie nicht gestört werden. Der Morgen ist eine empfehlenswerte Stunde. Wenn Sie ein Morgenmuffel sind und schwer aus dem Bett kommen, stellen Sie den Wecker eine halbe Stunde früher, damit Sie nicht in Stress geraten. Wenn der frühe Morgen als Übungszeit nicht infrage kommt, suchen Sie sich eine Möglichkeit im Laufe des Vormittags. Das kann in der Frühstückspause sein, wenn Sie im Büro arbeiten, oder in der Zeit, in der die Kinder aus dem Haus sind, wenn Sie Familie haben.

Die Übung an jedem Tag ist als Anregung gedacht und soll Sie einstimmen auf die Spuren, die Gott in Ihrem Leben hinterlässt. Das sind kleine und unscheinbare Dinge. Deshalb konzentrieren sich die Anregungen auf einfache Wahrnehmungen während des Tages. Die Aufmerksamkeit, die Sie aufbringen sollten, bezieht sich auf alltägliche Abläufe und Gewohnheiten. Mitten in Ihrem Alltag öffnen Sie Ihre Sinne für die Möglichkeiten der Gottesbegegnung. Diese Achtsamkeit den eigenen Handlungen gegenüber ist die Mitte Ihres geistlichen Übens. Aufmerksamkeit auf die kleinen Dinge lenken, sich durch die Wahrnehmung daran erinnern, dass Gott in allem ganz tief verborgen ist, das ist das Eigentliche und Wesentliche einer spirituellen Reise.

Neigen Sie dazu, schnell aufzugeben und die Flinte ins Korn zu werfen? Dann legen Sie Ihre Messlatte nicht zu hoch. Die Gefahr besteht darin, sich enttäuscht abzuwenden und gar nicht mehr zu üben. Am Anfang werden Sie Schwierigkeiten haben, sich während des Tages an Ihre Übung zu erinnern. Je öfter Sie es versuchen, desto mehr geht diese Übungsweise in Ihren Alltag über. Lassen Sie sich deshalb nicht entmutigen, wenn Sie an einem oder zwei Tagen hintereinander nicht die Kraft gefunden haben, auf Spurensuche zu gehen. Jeder Tag birgt wieder eine neue Chance! Fangen Sie einfach unverdrossen mit Ihrem Vorhaben neu an.



Für Menschen, die ein wenig Anstoß brauchen, kann es helfen, sich mit einer Freundin zusammenzutun. Ein Gespräch über die Erfahrungen des Tages vertieft die Verbindlichkeit. So können Sie dranbleiben, weil Sie sich gegenseitig unterstützen. Eine andere Möglichkeit ist das Führen eines Tagebuchs.

Wenn Sie regelmäßig dranbleiben, stellt sich die Wirkung nach und nach ein. Sie werden in Ihrem Alltag achtsam und aufmerksam für viele Dinge, die Ihnen sonst nicht aufgefallen wären. Sie nehmen bewusst wahr, welche Möglichkeiten in Ihren Sinnen liegen und wie reich an Eindrücken und Empfindungen Sie sind. Aus dieser Fülle kann Dankbarkeit entstehen und Freude an allem, was Ihr Leben vertieft. So wird das Schriftwort wahr: »Ich bin gekommen, damit sie das Leben haben und es in Fülle haben!« (Joh 10,10).

# Erste Woche

## SEHEN

Das Sehen ist ein elementarer Sinn. Für viele Menschen ist die Vorstellung, nicht mehr zu sehen, das Schrecklichste, was sie sich vorstellen können. Deshalb versteht es sich von selbst, dass das Sehen einen wichtigen Zugang zur Wirklichkeit und zur Göttlichkeit darstellt.

Viele Geschichten der Bibel sind sehr anschaulich und dadurch eindrucksvoll. Gott nutzt die menschliche Fähigkeit des Sehens, um uns seine Botschaft zu vermitteln. Biblische Visionen sind dafür eindrucksvolle Zeugnisse. Aber nicht jede Frau hat eine Vision wie Maria, die den Engel sah, der ihr die Geburt des göttlichen Kindes, Jesus, ankündigte. Für jede Frau ist das grundlegende Sehen und Hinschauen im Alltag wichtig, um offen zu sein für göttliche Botschaften.

Die sieben Tagen der Übung folgen den sieben Farben des Regenbogens. Auf den sieben Farben baut die Chakrenlehre auf. Jedem Körperteil wird ein Chakra, ein Energiezentrum, zugeordnet. So hat jede Farbe eine leibliche Verortung.

Beginnen Sie mit dieser Woche, dem Kapitel über das Sehen, verwenden Sie eine der Farben als Einstieg. Konzentrieren Sie sich vielleicht auf Ihre Lieblingsfarbe, suchen Sie heraus, was Sie anspricht. Lesen Sie die Meditation einmal durch, wenn es möglich ist, lesen Sie laut. Lassen Sie sich ein wenig Zeit, das Gelesene nachklingen zu lassen.

In einem weiteren Schritt nehmen Sie die Anregungen der Meditation mit in Ihren Alltag. Üben Sie überall dort, wo Sie ein wenig Zeit haben – beobachten Sie, nehmen Sie wahr, bewerten Sie nichts von dem, was Sie sehen. Sammeln Sie es einfach ein, wie Frederik, die Maus, die Farben für den Winter sammelt (nach einem bekannten Kinderbuch von Leo Leonnie). Am Abend breiten Sie Ihre Sammlung des Tages aus und lassen sich noch einmal ansprechen vom Thema des Tages.

Nun viel Freude beim Sammeln Ihrer Eindrücke!

## Erste Woche – erster Tag

# Rot

Die Anfangsfarbe ist Rot, eine der Grundfarben. Rot ist der Ball, mit dem das Kind spielt, Rot ist die Liebe, Rot ist die Signalfarbe bei der Ampel und bedeutet Stopp. Anhalten. Nicht weitergehen!

Rot. Wo sehen Sie heute diesen Farbton? In Ihrer Frühstücksumgebung: das rote Lämpchen an der Kaffeemaschine. Beim Autofahren: das Stoppschild an der Kreuzung.
Welches Rot begegnet Ihnen? Nehmen Sie es wahr.

Halten Sie bei jedem Rot ein wenig inne. Was würde in dieser Umgebung fehlen ohne diesen Ton? Woran erinnert Sie die Farbe Rot?



Welches Gefühl verbinden Sie mit Rot? »Ich sehe rot!«, bedeutet wütend werden, rot anlaufen vor Zorn. Erröten zeigt Verlegenheit und Scham. Rot ist die Farbe, die signalisiert: »Hier bin ich!« Rot wird nicht übersehen.

»Hier bin ich«, sagen die roten Blumen auf der Wiese, die Tulpe im Frühling, die Vogelbeeren am Baum, die leuchtenden Kirschen, die roten Rosen im Beet.
Welche Rottöne fallen Ihnen auf in der Natur? Tomatenrot, Weinrot, Abendrot.

In der Lehre von den Chakren, den Energiezentren im Körper, wird dem ersten Chakra am Ende Ihrer Wirbelsäule das Rot zugeschrieben. Dort wohnt die Ur-Energie, die Vitalität, der Ursprung des Lebens.

Sammeln Sie heute Abstufungen von Rot. Bei jedem Rot mit der Aussage: »Hier bin ich!«, antworten Sie in Ihrem Inneren: »Und hier bin ich selbst!« Ich bin es, die sehen kann, ich bin es selbst, die Rot sehen kann!

## GEBET

*Du hast mir Augen gegeben,*
*damit ich schauen, betrachten,*
*sehen und wahrnehmen kann.*
*Mit dem inneren Auge sammle ich heute*
*Farben und Eindrücke,*
*besonders die Farbe Rot.*
*Lass mich durch diese Farbe mit dir in Berührung kommen.*
*Erinnere mich daran: Du willst, dass ich da bin.*
*Immer wenn ich mich auf diesen Farbton konzentriere*
*und ihn in meiner Umgebung entdecke,*
*darf ich mir zusprechen:*
*»Ich bin da! Ich bin lebendig!«*

## ROT IN DER BIBEL

Rot ist die Farbe, die jemanden hervorhebt und kennzeichnet. So geschieht es, als Jakob zur Welt kommt, dass die Geburtshelferin einen roten Faden um seine Hand schlingt: »Bei der Geburt streckte einer (der Zwillinge) die Hand heraus. Die Hebamme griff zu, band einen roten Faden um die Hand und sagte: Er ist zuerst herausgekommen« (Gen 38,28). – An einer anderen Stelle dient die rote Farbe dem Schutz vor Verfolgung: Die Frau, die

Israels Kundschafter ins Gelobte Land hereinlässt und verbirgt, soll verschont werden, wenn sie ihr Fenster mit einem roten Band als geheimes Zeichen versieht. »Wenn wir in das Land eindringen, musst du diese geflochtene, purpurrote Schnur an das Fenster binden, durch das du uns herabgelassen hast« (Jos 2,18). Rot ist das Zeichen für Herausgehobensein und Erwählung.

Rot ist die Farbe der Lebensenergie und Kraft. Die Morgenröte ist ein oft gebrauchtes Bild in der Heiligen Schrift. Wenn ein Mensch in Gottes Augen das Rechte tut, wenn jemand gerecht und barmherzig an anderen handelt, spricht Gott die Verheißung zu: »Dann wird dein Licht hervorbrechen wie die Morgenröte« (Jes 58,8). Ausstrahlung und neue Energie sind mit dem Bild der Morgenröte verbunden.

### AM ABEND

Welches Rot bleibt Ihnen heute in Erinnerung? Verweilen Sie dabei, rufen Sie es sich lebhaft vor Augen.

Was gibt Ihnen das Rot als Mutterleibfarbe, als erste Farbe, die das Ungeborene durch die geschlossenen Augen sieht?

Rot als Basis, als Anfang allen Lebens, Rot als erstes Chakra, als Energiezentrum im Körper, ganz unten in Ihrem Schoß, ist es heute bei Ihnen aufgetaucht?

## Erste Woche – zweiter Tag

# Orange

Die Mischfarbe Orange bringt Übergänge. Von Rot zu Gelb, von der Kraft der ersten zum Leuchten der zweiten Farbe. Übergang von zwei Farben in eine neue Ausstrahlung. Strahlende Kraft. Orange kommt in der Natur oft vor: in Mandarinen und Apfelsinen, in Mohrrüben, im Kürbis, in der Tagetes, der Kapuzinerkresse, der Gerbera, der Ringelblume.

Wo begegnet Ihnen heute der Farbton Orange? Sammeln Sie diese Farbe für sich an diesem Tag ein.

Seine Leuchtkraft macht Orange zur Warnfarbe: Die Straßenkehrer und die Müllmänner tragen Orange, damit sie gut gesehen werden. Orange ist eine knallige Farbe, sie springt ins Auge, sie drängt sich vor.



Kraft und Dynamik gehen von Orange aus, wie vom Heiligen Geist. Die vitalen Bedürfnisse des Leibes, wie zum Beispiel die Sexualität, sind orange gefärbt. Das zweite Chakra im Becken und Unterleib wird orange gemalt. Kreativität und Erfindungsreichtum sind dort angesiedelt.

Welche Gefühle verbinden Sie mit Orange? Welche Botschaft drückt für Sie diese Farbe aus? Antworten Sie dieser Botschaft mit Ihrem eigenen Satz.

Er kann heißen: »Ja, ich sehe dich wirklich!« Immer wenn Sie etwas sehen, das orange ist, wiederholen Sie diesen Satz.

## GEBET

*Du hast mir Augen gegeben,*
*damit ich schauen, betrachten,*
*sehen und wahrnehmen kann.*
*Mit dem inneren Auge sammle ich heute*
*Farben und Eindrücke,*
*besonders die Farbe Orange.*
*Lass mich durch diese Farbe mit dir in Berührung kommen.*
*Wenn ich mich auf diesen Farbton konzentriere*
*und ihn in meiner Umgebung wahrnehme,*
*erinnere mich daran:*
*Du siehst mich wirklich.*

## ORANGE IN DER BIBEL



Orange als Farbton kommt in der Bibel nicht vor. Es gibt zwar Früchte von verschiedenen Bäumen wie Feige und Granatapfel, aber Orangen, Aprikosen oder Pfirsiche, deren Farbe annähernd orange ist, werden nie erwähnt.

Orange steht nach der Chakrenlehre in Zusammenhang mit der Leibmitte, dem Schoß. Der Mutterschoß hat im Hebräischen eine grammatische Wortverwandtschaft mit dem Wort »Barmherzigkeit«. Gott ist der Barmherzige, der Gott des Erbarmens, der Gott des Mutterschoßes. So heißt es im Psalm 139,13: »Du hast mein Inneres geschaffen, mich gewoben im Schoß meiner Mutter.«

Erotische Anklänge finden sich im Hohelied, in dem der Liebhaber die Schönheit seiner Geliebten rühmt: »Dein Schoß ist ein rundes Becken, Würzwein mangele ihm nicht.« (Hld 7,3) Die

Auslegung des Hohelieds legt nahe, dass die Verbindung zwischen Gott und dem Menschen vergleichbar ist der Liebe zwischen zwei Menschen, die sich gegenseitig umwerben. Dabei spielt die Erotik eine große Rolle.

AM ABEND

Welches Orange haben Sie in Erinnerung? Wenn Sie sich an keins erinnern, stellen Sie sich etwas Orangefarbenes vor.

Legen Sie dabei Ihre Hände schützend auf Ihren Unterleib, auf das Energiezentrum, das kurz unter dem Bauchnabel lokalisiert ist. Kreativität und Sinnlichkeit sind mit dem zweiten Chakra verbunden. Welche Empfindungen entstehen dabei? Lassen Sie sich Zeit, diese Gefühle zu genießen.

Schreiben Sie Ihre Wahrnehmungen auf, um die Übung zu vertiefen.

Erste Woche – dritter Tag

# Gelb

Was fällt Ihnen zu dieser Farbe als erstes ein: die Sonne? Ein Feld von Sonnenblumen oder eine Schale mit goldgelben Bananen?
Sammeln Sie an diesem Tag die Farbe Gelb ein, wo immer Sie sie entdecken.
Ob Sie im Frühling die Forsythien bewundern, die Osterglocken, den Huflattich oder im Sommer die Dahlien, die Lilien, den Löwenzahn, im Herbst die Sonnenblumen und die gelb gefärbten Blätter: In der Natur finden Sie die Farbe Gelb im Überfluss.
Schauen Sie beim Essen auf das Kartoffelgelb, die leuchtende Farbe der Paprika, die Ananas. Es gibt so viele verschiedene Gelbtöne!
Es ist etwas Fröhliches in dieser Farbe, etwas Unbeschwertes und Leichtes.



Verweilen Sie beim Betrachten der Farbe Gelb und vergessen Sie den Satz: Gelb ist der Neid.
Gönnen Sie den Dingen Ihre Leuchtkraft und leuchten Sie mit Ihnen um die Wette!
Diese Farbe lässt lächeln, lächeln Sie mit, immer wenn Sie Gelb an diesem Tag entdecken. Ihre Mitmenschen werden sich wundern, warum Sie plötzlich gut gelaunt aussehen.
Lassen Sie sich anstecken von der guten Laune der gelben Gegenstände.

Gelb ist das dritte Chakra, Sonnengeflecht oder Solarplexus genannt. Es liegt zweifingerbreit über dem Nabel und öffnet sich

nach vorne. Seine Ausstrahlung ist das Selbstwertgefühl, Selbstwert in Beziehung zu anderen.
Die Botschaft des Sonnengeflechts lautet: »Ich bin wertvoll! Die anderen sind mir wertvoll!« Wiederholen Sie diesen Satz, wenn Sie an diesem Tag gelbe Gegenstände sehen: »Ich bin wertvoll!« Und: »Die anderen sind mir wertvoll!«
Diesen Zweiklang vermittelt die Farbe Gelb an diesem Tag.

## GEBET

*Du hast mir Augen gegeben,*
*damit ich schauen, betrachten,*
*sehen und wahrnehmen kann.*
*Mit dem inneren Auge sammle ich heute*
*Farben und Eindrücke,*
*besonders die Farbe Gelb.*
*Lass mich durch diese Farbe mit dir in Berührung kommen.*
*Wenn ich mich auf diesen Farbton konzentriere*
*und ihn in meiner Umgebung aufspüre,*
*erinnere mich daran:*
*»Ich bin wertvoll. – Die anderen sind mir wertvoll.«*



## GELB IN DER BIBEL

In der Bibel taucht das strahlende Gelb auf in Zusammenhang mit der Sonne, mit dem Leuchten und Scheinen ihres Lichts. Gottes Gegenwart erfüllt den Menschen mit seinem Licht: »Du, Herr, lässt meine Leuchte erstrahlen. Du machst meine Finsternis hell« (Ps 18,29).

Zuwendung und Helligkeit gehören untrennbar zusammen: »Durch die barmherzige Liebe unseres Gottes wird uns besuchen das aufstrahlende Licht aus der Höhe« (Lk 1,78).

Göttliches Licht ist ein Bild für die Wirkung, die Gottes Gegenwart beim Menschen auslöst: Ausstrahlung, Leuchten, Freude, Glanz, Herrlichkeit.

## AM ABEND

War es heute ein »sonniger« Tag für Sie?

Selbst wenn die Sonne nicht schien, kann das so sein.

Wenn das Gelb heute fehlte, suchen Sie sich in diesen letzten Stunden des Abends ein wenig davon: im Goldgelb des Weines in einem schönen Glas oder im leuchtenden Gelb einer brennenden Kerze, deren Flamme Sie mit ihrem Licht erhellt.

Spüren Sie dem Sonnenlicht nach, seiner wohltuenden Wirkung.

Das Wunder des Lichts liegt darin, dass es auch durch Wolken zu uns dringt.

ERSTE WOCHE – VIERTER TAG

# Grün

Grün ist die Hoffnung. Welche aufbauende Wirkung hat doch dieser Sinn-Spruch.
Mit Grün verbinden Sie sicher unzählige Grüntöne in der Natur: Lindgrün, wenn die ersten zarten Blätter im Frühling knospen; Moosgrün, wenn Sie sich im tiefen Wald bewegen, Tannengrün, wenn Sie sich an den Weihnachtsbaum erinnern.

Entdecken Sie auch Flaschengrün, das Grün der Ampel, das Grün der Monitore.
»Alles im grünen Bereich«, signalisieren die Anzeigen der Überwachungsgeräte.
Neongrün sticht ins Auge.
Grüner Salat, Spinat und Grünkohl, Brokkoli und Bohnen signalisieren gesunde Vitamine.



Grün trägt der Priester an allen gewöhnlichen Tagen im Kirchenjahr.
Das Übliche scheint grün zu sein, es tut den Augen gut.
Gönnen Sie Ihren Augen diese Wohltat und ruhen Sie aus in dieser Farbe.
Was würde Ihnen fehlen, wenn Sie Rot und Grün nicht unterscheiden könnten, wie es Menschen mit dieser angeborenen Sehschwäche nicht können?
Genießen Sie es, Grün zu sehen und nehmen Sie es bewusst war!

Das vierte Chakra, das Herzchakra, wird mit Grün oder Gold in Verbindung gebracht. Liebe und Harmonie, auch Reinigung und Lauterkeit des Herzens sind ihm eigen. Menschen umarmen sich mit dem Oberkörper, Brust an Brust.
Das Herzchakra tut weh, wenn Liebeskummer und Ablehnung spürbar sind. Mit dem Herzen auf andere Menschen zugehen kann sehr bescheiden sein, unscheinbar wie die Farbe Grün.
Wenn Sie Grün sehen, sagen Sie sich jedes Mal: »Gottes Liebe strömt überall!«
Sie haben teil daran, wo immer Sie göttliche Energie wahrnehmen und annehmen.

## GEBET

*Du hast mir Augen gegeben,*
*damit ich schauen, betrachten,*
*sehen und wahrnehmen kann.*
*Mit dem inneren Auge sammle ich heute*
*Farben und Eindrücke,*
*besonders die Farbe Grün.*
*Lass mich durch diese Farbe mit dir in Berührung kommen.*
*Wenn ich mich auf diesen Farbton konzentriere*
*und ihn in meiner Umgebung betrachte,*
*erinnere mich daran:*
*»Deine Liebe strömt überall.«*

## GRÜN IN DER BIBEL

In der Bibel steht Grün für das Blühen und Gedeihen, für Wachstum und Fülle, für die Schönheit der Natur. »Das Land lasse junges Grün wachsen«, heißt es im Schöpfungsbericht in Gen 1,11. Die fruchttragenden Bäume und das Grün, die Pflanzen, alles, was wächst, dient den Tieren zur Nahrung und steht für das Leben. Im übertragenen Sinn spricht die heilige Hildegard von Bingen von der Grünkraft, der göttlichen Lebensenergie, die alles zum Blühen bringt. Im Psalm 23 heißt es von Gott: »Er lässt mich lagern auf grünen Auen und führt mich zum Ruheplatz am Wasser.«

## AM ABEND

Welches Grün ist Ihr Lieblingsgrün? Haben Sie es heute entdecken können und angeschaut?

Welche Gefühle bewegen Sie an diesem Abend?

Wenn Sie beide Hände auf die Mitte Ihrer Brust zusammenlegen und Wärme ausstrahlen, füllen Sie Ihr Herzchakra mit der göttlichen Liebesenergie.

Vielleicht können Sie diese Liebe mit in Ihre Träume nehmen.

## Erste Woche – fünfter Tag

# Blau

Blau – die Farbe des Himmels. Brücke zwischen Gott und den Menschen. Blau wie das Wasser des Meeres, wenn der Himmel sich darin spiegelt, an einem sonnigen Tag. Wenn der Himmel heute nicht blau ist, suchen Sie sich die Farbe Blau in Ihrer Umgebung.

Marineblau sind viele Haushaltsgeräte: Toaster, Heißwasserkocher, was noch? Auf Porzellan, bei Pullovern oder Blusen, Jeansblau, Blaubeeren oder Heidelbeeren in der Natur. Blaue Trauben für den Wein, ein türkisblaues Getränk namens Blue Curaçao.

Was verbinden Sie mit der Farbe Blau? Es ist eine kühle Farbe, sie verströmt Ruhe und Frieden. Die Friedenstaube wird weiß auf blauem Grund gezeichnet.
Welche Gegenstände in Ihrer Wohnung haben diese Farbe?

Das fünfte Chakra, das Halschakra, wird mit Hellblau verbunden. Es bildet die Brücke zwischen den Energien des Leibes und des Geistes. Verbindung zwischen Herz und Verstand, Durchfluss von allen Energien. Ein blauer Stein wie der Lapislazuli öffnet und stärkt das Halschakra. Intuition und Vertrauen in den eigenen Weg passen zum fünften Chakra.
Wenn Sie die blaue Farbe sehen, denken Sie an Ihren persönlichen Ausdruck, an Ihre Individualität.
»Ich bin unverwechselbar und eigen.«

»Niemand auf der ganzen Welt ist genauso wie ich – ich bin einzig!«

Suchen Sie sich heute wenn möglich ein Gewässer in Ihrer Nähe, einen See, einen Fluss, das Meer.
Lassen Sie die fließenden Energien einen Ort und Platz in Ihrem Erleben finden, so wie das vom Himmel blau gefärbte Wasser seinen Weg nimmt und fließt.
Spüren Sie, wie die Verbindung von Wasser und Himmel Sie beruhigt.
Wenn Sie kein Gewässer in Ihrer Umgebung haben, dann betrachten Sie meditierend ein Wasser-Bild und verweilen Sie dabei.

GEBET

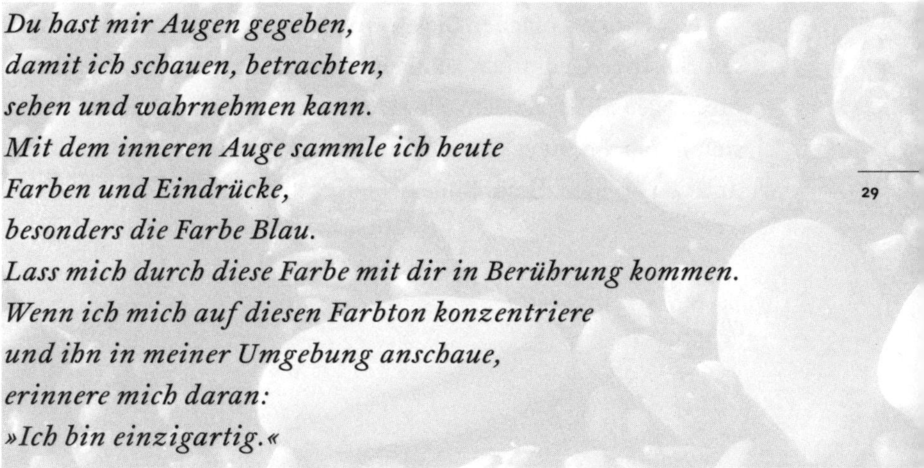

*Du hast mir Augen gegeben,*
*damit ich schauen, betrachten,*
*sehen und wahrnehmen kann.*
*Mit dem inneren Auge sammle ich heute*
*Farben und Eindrücke,*
*besonders die Farbe Blau.*
*Lass mich durch diese Farbe mit dir in Berührung kommen.*
*Wenn ich mich auf diesen Farbton konzentriere*
*und ihn in meiner Umgebung anschaue,*
*erinnere mich daran:*
*»Ich bin einzigartig.«*

## BLAU IN DER BIBEL

Blau ist in der Bibel das Blau des Himmels, ist die Farbe des Göttlichen. Wo der blaue Himmel vorkommt, ist von einem Eingreifen Gottes in die Welt die Rede, so z. B. im Schöpfungsbericht: »Am Anfang schuf Gott Himmel und Erde« (Gen 1,1).

Der Himmel zeigt die göttliche Gegenwart in Gestalt einer Taube, als Jesus von Johannes dem Täufer im Jordan mit Wasser übergossen wird: »Als er aus dem Wasser stieg, sah er, dass der Himmel sich öffnete und der Geist wie eine Taube auf ihn herabkam. Und eine Stimme aus dem Himmel sprach: ›Dies ist mein geliebter Sohn, auf ihn sollt ihr hören‹« (Mk 1,10). So ist das Blau des Himmels ein Sinnbild für die göttliche Welt.

## AM ABEND

Haben Sie dem Blau an diesem Tag Raum gegeben?

Wenn nicht, machen Sie einen Spaziergang »ins Blaue« ... Lassen Sie Ihre Gedanken schweifen zu einem großen Gewässer, Meer oder Fluss, an dem Sie schon einmal waren. Versetzen Sie sich in der Phantasie an diesen Ort und genießen Sie die Ruhe und den Frieden dieses Bildes.

## Erste Woche – sechster Tag

# Lila

Weiß oder Fliederfarben sind die duftenden Blüten des Flieders im Mai. Zartes Lila oder dunkles Violett zeigen die Clematisblüten an ihren Ranken.
Wenn Sie im Frühling oder Sommer üben, dann können Sie diese Farben in der Natur entdecken. Zu anderen Jahreszeiten wird es Ihnen schwer fallen, diesen Farbton, den man auch Indigo nennt, zu finden.
Weintrauben für den Rotwein, Auberginen und Pflaumen können dieses Rotblau haben.
Seien Sie heute erfinderisch, wenn es um die Suche nach dieser Farbe geht.

Manchmal gibt es zart getöntes Briefpapier in Lila, vielleicht fällt Ihnen aber auch die Schokolade in der entsprechenden Farbverpackung ein.
Lila steht nicht jedem Menschen gut.
Welche Dinge sehen Sie heute, die diesen Ton tragen?
Sammeln Sie Ihre Wahrnehmungen.

Beachten Sie heute das sechste Chakra, das Stirnchakra, das mit der Farbe Indigo dargestellt wird.
Es liegt einen Fingerbreit über der Nasenwurzel.
Manche nennen es das Dritte Auge, das Auge der Weisheit, das spirituelle Wahrheiten sehen und erkennen kann. Mit diesem Chakra sind Polaritäten verbunden, männlich und weiblich, hell und dunkel, spirituell und materiell.

Der Verstand scheidet und unterscheidet, wo manches eigentlich zusammen gehört.
Indigo regt an, zu vereinen, zu versöhnen, eine Balance herzustellen, alles zu integrieren.

Wenn Sie heute Lila oder Violett sehen, dann erinnern Sie sich an diesen Aufruf zum Ausgleich: »Es gibt immer zwei Seiten!« Versuchen Sie, die Gesamtheit in der Situation zu erkennen, in der Sie sich gerade befinden. »Zwei Seiten gehören zusammen, sie ergänzen sich!«
Dies ist die Botschaft der Farbe Lila, dies spricht das Stirnchakra Ihnen zu, wenn es geöffnet ist.

## GEBET

*Du hast mir Augen gegeben,*
*damit ich schauen, betrachten,*
*sehen und wahrnehmen kann.*
*Mit dem inneren Auge sammle ich heute*
*Farben und Eindrücke,*
*besonders die Farbe Violett.*
*Lass mich durch diese Farbe mit dir in Berührung kommen.*
*Wenn ich mich auf diesen Farbton konzentriere*
*und ihn in meiner Umgebung entdecke,*
*erinnere mich daran:*
*»Alles hat zwei Seiten; sie ergänzen sich.«*

## LILA IN DER BIBEL

Die Farbe Lila kommt in der Bibel nicht vor. Da das Stirnchakra mit dieser Farbe verbunden ist, konzentrieren Sie sich auf diesen Teil des Gesichts. In der Bibel ist die Stirn die Stelle am Leib, an dem Menschen sich zeichnen lassen. Die 144 000 Gerechten in der Geheimen Offenbarung des Johannes tragen das Zeichen Jesu auf ihrer Stirn. Sie gehören zu ihm (Offb 14,1).

Ein gläubiger Jude bindet sich nach der Tradition der Heiligen Schrift das Gesetz Gottes als symbolisches Zeichen beim Gebet auf die Stirn. »Es sei dir ein Zeichen an der Hand und ein Erinnerungsmal an der Stirn, damit das Gesetz des Herrn in deinem Mund sei« (Ex 13,9).

Wenn ein Mensch an der Stirn getroffen wird, ist er verletzbar und angegriffen wie der Riese Goliath, der von David mit einer Steinschleuder zu Fall gebracht wird (1 Sam 17,49).

## AM ABEND

Gab es heute die Farbe Lila oder Violett in Ihrer Umgebung?

Erlauben Sie sich die Einsicht, dass diese Farbe selten ist, so selten wie eine integrierte und ausgeglichene Sicht auf diese Welt.

Lila enthält die Verheißung, dass es eine spirituelle Dimension gibt, die sich selten im täglichen Leben manifestiert.

Die Farbe des Advents und die Farbe in der Fastenzeit ist Violett, die Farbe der Umkehr, die einlädt, sich neu auf einen Weg zu sich selbst und zu Gott zu machen.

## Erste Woche – siebter Tag

# Weiß

Weiß ist eigentlich keine Farbe. Weiß ist eine Projektionsfläche für alle möglichen An-Sichten.
Auf ein weißes Blatt Papier schreiben Sie Ihre Notizen.
Weiß ist das Eiweiß, wenn es besonders fest und steif geschlagen wird, die Sahne hat eher ein Cremeweiß, der Zucker leuchtet hartweiß. Alles dient zum Verfeinern.
Die Fähigkeit zum Aufhellen einer Farbe ist eine zusätzliche Qualität der Farbe Weiß.

Sammeln Sie heute die Farbe Weiß in Ihrer Umgebung. Das weiße Taufkleid oder Brautkleid bedeutet Unschuld, Schnee verbinden wir ebenfalls mit Unberührt-Sein, besonders den Neuschnee.
Reinheit, Klarheit, Festlichkeit, diese Eigenschaften können in der Farbe Weiß ausstrahlen.

Beim siebten Chakra, dem Kronenchakra, ist Weiß oder sehr helles Lila zu sehen. Es ist das spirituelle Energiezentrum und öffnet sich vom Scheitel nach oben, in die göttliche Sphäre. Das höhere Bewusstsein wird mit diesem Chakra verbunden.
Weißes Licht ist das hellste und strahlendste Licht, das zu diesem Chakra gehört.

Nehmen Sie sich heute Zeit, dieser spirituellen Energie Raum zu geben. Ein Sonnenbad oder ein Spaziergang in der Sonne können Ihnen dabei helfen.

## GEBET

*Du hast mir Augen gegeben,*
*damit ich schauen, betrachten,*
*sehen und wahrnehmen kann.*
*Mit dem inneren Auge sammle ich heute*
*Farben und Eindrücke,*
*besonders die Farbe Weiß.*
*Lass mich durch diese Farbe mit dir in Berührung kommen.*
*Wenn ich mich auf diese Farbe konzentriere*
*und sie in meiner Umgebung wahrnehme,*
*erinnere mich daran:*
*»Klarheit und Reinheit sind deine Geschenke an mich.«*

## WEISS IN DER BIBEL

Im Neuen Testament weist das strahlende Weiß auf die Erscheinungen Jesu hin. Als Vorgeschmack auf die Auferstehung erleben es die Jünger bei der Verklärung auf dem Berg Tabor, wo Jesus in strahlend weißem Gewand mit Mose und Elija spricht. »Seine Kleider wurden strahlend weiß, so weiß, wie sie auf Erden kein Bleicher machen kann« (Mk 9,3).

In der Geheimen Offenbarung des Johannes ist Weiß die Farbe der Zugehörigkeit zu Christus, dem Lamm. »Sein Haupt und seine Haare waren weiß wie weiße Wolle, leuchtend weiß wie Schnee« (Offb 1,14). Alle, die zu ihm gehören, tragen weiße Gewänder und stehen vor dem Thron und vor dem Lamm (Offb 3,4; Offb 4,9). Weiß als Farbe der Reinheit und Klarheit gehört zum übernatürlichen Bereich.

## AM ABEND

Die Farbe Weiß kommt in vielen Gegenständen des Alltags vor.

An welcher Stelle gab es für Sie heute den Eindruck von Festlichkeit?

Konnten Sie dem Weiß etwas abgewinnen? Gab es aufgehellte Momente und Stimmungen?

Erinnern Sie sich an Augenblicke, in denen »Auferstehung« spürbar wurde, wo das Grau des Alltags einen »weißen Anstrich« bekommen hat.

# Zweite Woche

## FÜHLEN – SPÜREN – TASTEN

Die zweite Woche beschäftigt sich mit dem Tastsinn. Fühlen und Spüren sind Empfindungen des Leibes und grundlegende Erfahrungen des Menschen. Der Säugling nimmt über den Körper Liebe und Aufmerksamkeit wahr. Das Baby spürt am ganzen Leib, wie sich Mutter und Vater um es kümmern, sich anschmiegen, tragen, versorgen und nähren. Diese körperlichen Grunderfahrungen geben Urvertrauen und vermitteln das Gefühl von Angenommensein und Wohlsein.

Viele Geschichten der Bibel sprechen von körperlichen Empfindungen im Zusammenhang mit einer Gotteserfahrung. Jakob hinkt, nachdem er mit dem Engel Gottes am Jabbok gekämpft hat (Gen 23,26). Zacharias bleibt stumm, weil er den Worten des Engels nicht glauben wollte (Lk 1,11). Mose zittert bei der Erscheinung am brennenden Dornbusch (nach Apg 7,32).

Wenn Gott sich dem Menschen nähert, rührt er ihn im Innersten an. Leib und Geist werden erfasst, erschüttert und betroffen. Es muss aber nicht bei allen Menschen so umwerfend wirken. Gott kann auch im sanften Säuseln flüstern, wie es Elija erlebt, als er aus seiner Höhle heraustritt, um Gott zu schauen (1 Kön 19,1f). Wichtig ist die Empfindungsfähigkeit und Sensibilität des Menschen, um in körperlichen Wahrnehmungen Gottes Botschaft herauszuspüren. Deshalb ist der Körperausdruck ein wichtiger

Bestandteil des Betens. Es spielt eine Rolle, in welcher Haltung wir beten und uns für Gott öffnen. Gehen, stehen, sitzen, knien, ausgestreckt auf der Erde liegen – jede Haltung drückt eine andere Bereitschaft aus, Gott zu begegnen.

Ohne den Leib könnten wir nichts fühlen. Hände, die berühren, Schultern, die Lasten tragen, Füße, die mir auf der Erde Halt geben: All dies öffnet mich für Eindrücke und Berührungen von außen. Ich kann spüren, empfinden, tasten, berühren durch meinen Körper, mein Sensorium. Ohne ihn wäre mein Leben viel weniger eindrucks-voll. Deshalb ist es so wichtig, auf den Körper zu achten und ihn zu schätzen. Im Alltag vergessen viele Menschen, auf ihren Leib und ihre körperlichen Empfindungen zu achten. Erst wenn sich eine Krankheit meldet, merken sie, dass etwas nicht stimmt.

Der heilige Franziskus hat von seinem Leib als dem »Bruder Esel« gesprochen. Damit wollte er ihn nicht abwerten oder gering schätzen, im Gegenteil! Der Esel war zu jener Zeit ein wichtiges Reittier und Fortbewegungsmittel. Versuchen Sie, auf Ihren Leib zu achten, auf den »Bruder Esel« liebevoll einzugehen. Lernen Sie seine Sprache, wie Sie die Sprache eines geliebten Tieres lernen und verstehen wollen, was es zum Ausdruck bringen möchte. Frauen gelingt es oft besser, mit ihrem Leib im Einklang zu sein und zu bleiben. Die Fähigkeit, auf körperliche Signale zu achten und sich dem Körper liebevoll zuwenden zu können, ist eine Chance, Gott durch unseren Leib zu antworten.

Die folgenden sieben Tage orientieren sich am Leib. Vergessen Sie alle Bewertungen, ob Sie Ihren Körper schön oder weniger schön finden. Nehmen Sie Ihren Leib so an, wie er nun einmal ist, und üben Sie mit dem, was da ist.

Es ist günstig, mit den Füßen zu beginnen, weil die Füße das Fundament des Körpers sind. Liegen Ihnen die Hände oder ein anderes Körperteil aber emotional näher, beginnen Sie ruhig dort. Fangen Sie da an, wo es Ihnen am leichtesten fällt.

## Zweite Woche – erster Tag

# Füße

Füße sind das Fundament des Leibes. Auf den Füßen ruht alles. Wie wichtig dieses Fundament für den Körper ist, spüren Sie bei unliebsamen Einschränkungen: wenn die Füße Sie nicht tragen wollen, weil sie Ihnen wehtun, schmerzende Stellen haben, pflastermüde sind.

Achten Sie heute bewusst auf Ihre Füße. Beginnen Sie mit einer sanften Massage am Morgen, für die Sie sich für jeden Fuß fünf Minuten Zeit nehmen sollten.
Die verschiedenen Zonen brauchen unterschiedliche Aufmerksamkeit: Der Ballen verträgt eine festere Massage als die empfindlichen Partien der Sohle.
Erspüren Sie behutsam, welche Berührung Ihre Zehen mögen, ob das Zehenspiel gelingt oder ob Sie einen Krampf fürchten müssen. Gehen Sie behutsam und zart mit sich um.



Nehmen Sie einen Tennisball zu dieser Übung im Stehen dazu.
Der eine Fuß bleibt als Standbein am Boden.
Den anderen Fuß heben Sie vorsichtig hoch.
Rollen Sie die Fußsohle auf dem Tennisball sanft hin und her.
Fühlen Sie, wie jeder Zentimeter durchgewalkt wird, mit mehr oder mit weniger Druck, wie es Ihnen gut tut.
Stellen Sie jetzt den geübten Fuß wieder neben den anderen.
Spüren Sie nach, wie sich Ihr Fuß nach dieser Behandlung anfühlt, wenn Sie ihn mit dem ungeübten Fuß vergleichen.
Prüfen Sie, was sich verändert hat, und nehmen Sie diese Emp-

findung wahr, nehmen Sie durch Ihren Tastsinn alles zur Kenntnis. Bewerten Sie nichts!
Wiederholen Sie die Massage und die Arbeit mit dem Tennisball mit dem zweiten Fuß.

Starten Sie danach in Ihren Tag und nehmen Sie gedanklich Ihre Füße mit.
Bei jeder Treppe, die Sie steigen, bei jedem In-die-Knie-Gehen spüren Sie den unterschiedlichen Effekt auf Ihre Füße. Beim Stehen in einer Warteschlange üben Sie, sicher auf beiden Füßen zu stehen. Erleben Sie das Stehen als eine Übung, Ihre Füße wahrzunehmen.

In den Psalmen heißt es: »Du stellst meine Füße auf festen Grund, meine Schritte wanken nicht!« (Ps 26,12).
Zum Propheten Ezechiel sagt Gott: »Stell dich auf deine Füße, Menschensohn, ich will mit dir reden« (Ez 2,1-2).

Sammeln Sie heute Augenblicke, in denen Ihre Füße wichtig sind. Schenken Sie ihnen mehr Beachtung, als Sie es für gewöhnlich tun.
Lassen Sie das Fundament, auf dem Sie Ihre Schritte aufbauen, zur Geltung kommen.

## GEBET

*Mit meinem ganzen Körper*
*bin ich empfindungsfähig und sensibel.*
*Heute will ich intensiv meine Füße wahrnehmen*
*und mich ihnen zuwenden,*
*freundlich und geduldig und mit Verständnis*
*für jeden einzelnen Teil,*
*Ferse, Achillessehne, Fußgewölbe, Fußballen und alle Zehen.*
*Lehre mich, die Regungen meines Leibes*
*als eine Botschaft meiner Seele zu erkennen.*
*Ich möchte darauf eingehen und mich daran freuen,*
*dass ich so empfinden kann.*

## FÜSSE IN DER BIBEL

Im Alten Testament stehen Füße für Halt, Standfestigkeit und für die Freiheit des Menschen, sich in der Welt zu bewegen. Der ganze Mensch ist gemeint, wenn es im Psalm heißt: »Du hast meinen Füßen ... freien Raum geschenkt« (Ps 31,9). Oder an anderer Stelle: »Er (der Herr) stellte meine Füße auf den Fels, machte fest meine Schritte« (Ps 40,3).

Im Neuen Testament gibt es besonders zwei Stellen, in denen Füße eine zentrale Bedeutung haben. In beiden geht es um die liebevolle Behandlung der Füße als Ausdruck für die liebevolle Zuwendung zum ganzen Menschen

Die erste Stelle steht in Lk 7,38: Eine Frau kommt unangemeldet zu einem Essen, zu dem sie nicht eingeladen ist. Sie nähert sich Jesus von hinten, »dabei weinte sie und ihre Tränen fielen auf seine Füße. Sie trocknete seine Füße mit ihrem Haar, küsste sie und salbte sie mit dem Öl.« Jesus erklärt den schockierten Anwesenden, dass ihre Geste Wertschätzung zum Ausdruck bringt. Im Orient gehört das Waschen der Füße zum Brauch der Gastfreundschaft. Der Gastgeber lässt diese Behandlung seinen Gästen zukommen, um sie zu erfrischen und zu verwöhnen. Dies hat die Frau mit dem Waschen und Salben seiner Füße getan. Genauso handelt Jesus an seinen Jüngern in der zweiten zentralen Stelle, im Johannesevangelium: »Er stand vom Mahl auf, legte sein Gewand ab und umgürtete sich mit einem Leinentuch. Dann goss er Wasser in eine Schüssel und begann, den Jüngern die Füße zu waschen« (Joh 13,5). Es war Sklavenarbeit, die Füße der Gäste zu waschen. Wenn Jesus freiwillig diesen Dienst übernimmt, stellt er heraus, dass der Unterschied zwischen Sklaverei und Herrschaft aufgehoben ist. Im Reich Gottes soll jeder am anderen so handeln, dass er dem anderen zu Diensten ist.

## AM ABEND

Spüren Sie nach, was Ihre Füße jetzt brauchen. Wenn es ein warmes Fußbad ist, gönnen Sie sich eines. Wenn es das Hochlegen der Füße ist, tun Sie es bewusst. Wenn es eine sanfte Massage sein soll, wiederholen Sie die Übung von heute Morgen.

Wenn Sie Lust dazu haben, nehmen Sie abwaschbare Fingerfarbe und tauchen Ihre Füße ganz in Farbe. Machen Sie einen Fußabdruck oder mehrere und hängen Sie dieses Bild in Ihrer Wohnung auf, als Anregung, immer wieder bewusst Ihre Füße wahrzunehmen.

## Zweite Woche – zweiter Tag

# Hände

Hände sind ein Wunderwerk an Beweglichkeit. Für Hände ist fast alles möglich. Kraftvoll anpacken, sanft streicheln, über Tasten des Computers huschen und mit der Faust auf den Tisch hauen, zwischen feinen und groben Bewegungen abwechseln.

Können Sie Ihre Hände schätzen und verwöhnen oder lassen Sie sie nur arbeiten?
Achten Sie heute auf jede Handbewegung, auf alle typischen Handlungen, die Sie regelmäßig vollziehen. Das kann das Aufschließen Ihrer Tür oder des Autos sein oder das Einpacken der Waren beim Einkaufen.

Denken Sie nach über Rechts- oder Linkshändigkeit und beobachten Sie sich, was Sie normalerweise mit welcher Hand tun.
Achten Sie bei Ihren Mitmenschen darauf und kommen Sie darüber ins Gespräch.
Hand und Fuß soll eine Sache haben, damit sie Bestand hat, das drückt schon aus, wie wichtig diese beiden Körperteile für uns sind.
Wie wichtig die Hände für Sie sind, merken Sie am besten, wenn Sie eine Verletzung haben und sich bei alltäglichen Dingen helfen lassen müssen. Wer einmal den Arm gebrochen hatte und einen Gips tragen musste, weiß, wie umständlich es sein kann, sich alleine anzuziehen.

Die Hände in den Schoß legen, fällt vielen Menschen schwer. Probieren Sie es heute für mindestens zehn Minuten aus. Lassen Sie Ihre Hände auf den Oberschenkeln ruhen oder legen Sie sie wie eine Schale ineinander. Atmen Sie ruhig und gleichmäßig ein und aus, stellen Sie sich vor, wie der Atem durch Ihre Hände ein- und ausfließt. Spüren Sie, wie die Hände wärmer und besser durchblutet werden, ohne dass Sie aktiv etwas mit ihnen anstellen. Am Ende der Übung reiben Sie Ihre Hände wie beim Händewaschen und schließen die Übung damit ab.

In Gottes Hand sein bedeutet Geborgenheit. Gibt es einen Menschen, der Ihnen heute – vielleicht durch seine oder ihre Hände – diese Geborgenheit schenken kann?

GEBET

*Mit meinem ganzen Körper*
*bin ich empfindungsfähig und sensibel.*
*Heute will ich intensiv meine Hände wahrnehmen*
*und mich ihnen zuwenden,*
*freundlich und geduldig und mit Verständnis*
*für jeden einzelnen Finger,*
*für die Handflächen, die Handrücken, das Handgelenk.*
*Lehre mich, die Regungen meines Leibes*
*als eine Botschaft meiner Seele zu erkennen.*
*Ich möchte darauf eingehen und mich freuen,*
*dass ich so empfinden kann.*

## HÄNDE IN DER BIBEL

Die Bibel spricht in zweierlei Hinsicht von Händen: Es ist die Rede von der Hand Gottes, die Geborgenheit schenkt, und es sind die Hände der Menschen erwähnt. Beide haben miteinander zu tun. So heißt es in den Psalmen: »In deine Hände (Gott) lege ich voll Vertrauen meinen Geist« (Ps 31,6). Und: »Von allen Seiten umschließt du mich und legst deine Hand auf mich« (Ps 139,5). Der Mensch antwortet durch das Erheben seiner Hände zu Gott, eine Geste des Gebets: »Jeden Tag, Herr, ruf ich zu dir; ich strecke nach dir meine Hände aus.«

Im Neuen Testament berührt Jesus die Menschen, er fasst sie an ohne Scheu. Ein gläubiger Jude durfte eine Frau nicht ohne weiteres berühren. Jesus setzt sich darüber hinweg, als er die Schwiegermutter des Petrus heilt: »Er ging zu ihr, fasste sie an der Hand und richtete sie auf« (Mk 1,31). Jesus kennt die heilende Berührung mit der Hand, er legt den Kranken die Hände auf und segnet die Kinder.

## AM ABEND

Blicken Sie zurück auf diesen Tag, der Ihren Händen gewidmet war. An welche bedeutsamen Erfahrungen mit ihnen können Sie sich heute erinnern?

Schreiben Sie in die Umrisse Ihrer Hand, die Sie mit einem Stift auf ein Blatt Papier gezeichnet haben, welche wichtigen Handlungen Ihre Hände heute ausgeführt haben.

Wenn Sie mögen, hängen Sie dieses Bild in Ihrer Wohnung auf. Es erinnert Sie daran, wieder bewusster Ihre Hände wahrzunehmen.

Wie gut, dass Sie Ihre Hände haben!

ZWEITE WOCHE – DRITTER TAG

# Schultern und Arme

Die Belastungen, die Sie jeden Tag zu tragen haben, seelische und körperliche Lasten, ruhen auf Ihren Schultern und Armen.
Sie tragen vieles, spannen sich an und verhärten sich. Dann fühlt es sich an wie ein schwerer Rucksack, den wir mit uns herumschleppen.
An Schultern und Armen können Sie ablesen, wie es Ihnen geht. Gottes Botschaft spricht vom »Loslassen«, von Entlasten: »Kommt her zu mir alle, die ihr euch plagt und schwere Lasten zu tragen habt. Ich werde euch Ruhe verschaffen« (Mt 11,28).

Schultern und Arme spüren wir am besten, wenn wir uns umarmen. Wenn Sie einen anderen Menschen warmherzig an sich drücken, können sich Spannungen in den Schultern und im Nacken lösen.
Sicher kennen Sie die Muskelschmerzen, die durch Verkrampfung entstehen.
Wenn Sie Ihren Schultern etwas Gutes tun wollen, nehmen Sie sich heute Zeit für ein paar einfache Lockerungsübungen.

Stellen Sie sich aufrecht auf Ihre Füße und lassen Sie die Schultern kreisen, erst nach vorne, dann nach hinten. Sie können beide Schultern zur gleichen Zeit kreisen lassen oder eine Schulter nach der anderen üben.

Heben Sie einen Arm und lassen Sie ihn langsam Kreise beschreiben. Dabei wechseln Sie nach kurzer Zeit die Richtung von

vorwärts nach rückwärts. Das Gleiche üben Sie mit dem anderen Arm.
Es ist nicht wichtig, dass Sie möglichst viele Kreise ziehen, sondern dass Sie langsam und behutsam vorgehen.
Spüren Sie in die Muskeln hinein und fühlen Sie die kleinen Veränderungen. Wenn Sie Schmerzen empfinden, bewegen Sie die Arme weniger, aber geben Sie nicht gleich auf.

Nun lassen Sie die Arme ruhig an den Seiten herabhängen und sich ausruhen. Spüren Sie nach, ob sich etwas gelöst hat.

Wenn Sie Zeit dafür finden, wiederholen Sie diese einfache Übung, möglichst mehrmals am Tag. Am besten geht es natürlich mit Musik, die durch einen schwingenden Rhythmus die Bewegungen unterstreicht.
Wenn Sie Ihre Schultern und Arme auf diese Weise spüren können, wiederholen Sie für sich den Satz: »Jesus, dein Joch ist sanft und deine Last ist leicht« (vgl. Mt 11,30).

GEBET



*Mit meinem ganzen Körper*
*bin ich empfindungsfähig und sensibel.*
*Heute will ich intensiv Schultern, Arme und Nacken*
*wahrnehmen und mich ihnen zuwenden,*
*freundlich und geduldig und mit Verständnis*
*für alle Verspannungen.*
*Lehre mich, die Regungen meines Leibes*
*als eine Botschaft meiner Seele zu erkennen.*
*Ich möchte darauf eingehen und mich daran freuen,*
*dass ich so empfinden kann.*

## ARME UND SCHULTERN IN DER BIBEL

Wie bei den Händen gibt es bei Schultern und Armen in der Heiligen Schrift den Bezug zu Gott und den Bezug zum Menschen. Es ist die Rede von Gottes Arm, der voller Kraft ist (Ps 89,14) und von seiner rechten Hand, die regiert und beschützt: »Ich erlöse euch mit hoch erhobenem Arm« (Ex 6,6). Gleichzeitig sorgt Gott als Erlöser dafür, dass Menschen entlastet werden wie der Sklave, der in die Freiheit entlassen wird: »Seine Schulter hab ich von der Bürde befreit, seine Hände kamen los vom Lastkorb« (Ps 81,7). Die Verlängerung der Schultern durch den Tragebalken, an dem die Lasten hängen, ist ein anderes Bild. Seine Zerstörung ist ausdrucksvolles Symbol für die Freilassung: »An jenem Tag wird es geschehen – da zerbreche ich das Joch auf seinem Nacken« (Jes 30,8).

## AM ABEND

Lassen Sie die Last des Tages von Ihren Schultern abgleiten: Nehmen Sie ein heißes Bad oder eine Dusche.

Oder legen Sie ein Dinkelkissen, das Sie angewärmt haben, auf Ihre Schultern.

Die schönste Entspannung: Wenn es möglich ist, lassen Sie sich den oberen Rücken und die Schultern von einer Freundin oder einem Freund massieren.

## Zweite Woche – vierter Tag

# Leibmitte

Die Leibmitte liegt zwischen Füßen und Haupt in der Mitte des Körpers.

Zwischen oben und unten, zwischen Himmel und Erde ist das Becken mit dem Bauchbereich ein wichtiges Zentrum für Vitalität und Lebendigkeit.

Aus dem Bauch heraus treffen Sie intuitive Entscheidungen, vom Gefühl und weniger vom Verstand gesteuert.

Die Leibmitte zu spüren ist wichtig, um seelische Regungen wahrzunehmen: ob es ein wohliges Gefühl von Satt- und Zufriedensein ist oder die Wut im Bauch, die aggressive Impulse loslassen kann.

Wer hier wenig spüren kann, übergeht vitale Signale und verhindert Lebendigkeit. Deshalb üben Sie heute, Ihr Becken zu erspüren.



Um das Becken richtig zu fühlen, legen Sie sich in Rückenlage auf den Boden. Suchen Sie sich eine genügend warme und angenehme Unterlage.

Nehmen Sie Ihren Körper als Ganzes wahr und suchen Sie Kontakt zum Boden. Tasten Sie durch kleinste Bewegungen hin zu Ihrer Unterlage.

Spüren Sie, wo der Kopf, die Schultern, die Arme, das Becken und die Beine den Boden berühren.

Jetzt stellen Sie die Beine auf und ziehen Sie sie an den Po heran.

Fühlen Sie in dieser neuen Lage, wie sich Ihr Becken bewegt und verändert hat.

Dort, wo Sie das Steißbein vermuten, liegt etwas höher das Kreuzbein. Im Liegen können Sie diesen etwa handtellergroßen Knochen gut spüren.
Geben Sie einen leichten Druck in die Fußsohlen, als wollten Sie sich abstoßen. Dadurch heben Sie das Becken leicht vom Boden ab, aber gehen Sie nicht zu weit. Es geht nicht um die Höhe.
Bleiben Sie für einige Atemzüge in dieser Haltung und legen Sie danach das Becken vorsichtig wieder zum Boden hin ab.
Strecken Sie die Beine aus, wenn Sie möchten.
Kommen Sie zur Ruhe und spüren Sie nach. Das Ausruhen und Wahrnehmen ist genauso wichtig wie die Übung selbst.
Wenn Sie mögen, wiederholen Sie diese Bewegung ein zweites Mal.

Wenn Sie sich so für Ihr Becken sensibilisiert haben, können Sie im Laufe des Tages seine vielfältigen Bewegungen besser wahrnehmen: beim Ins-Auto-Steigen, beim Sitzen, beim Bücken nach einem Gegenstand auf dem Boden.
Wenn Sie Ihr Becken wahrnehmen, denken Sie an die Botschaft des ersten Chakras: »Hier bin ich! Ich bin da! Ich bin lebendig!«



GEBET

*Mit meinem ganzen Körper*
*bin ich empfindungsfähig und sensibel.*
*Heute will ich intensiv meine Leibmitte, Unterleib und*
*Becken, wahrnehmen und mich ihnen zuwenden,*
*freundlich, geduldig und verständnisvoll.*
*Lehre mich, die Regungen meines Leibes*
*als eine Botschaft meiner Seele zu erkennen.*
*Ich möchte darauf eingehen und mich freuen,*
*dass ich so empfinden kann.*

## DIE LEIBMITTE IN DER BIBEL

Die Leibmitte kommt in der Bibel indirekt vor beim weiblichen Schoß oder durch die seitlichen Partien des Beckens, die Hüften. Der Schoß ist nicht nur der Mutterschoß. Im Hohelied der Liebe sind Anspielungen auf Erotik und Sexualität in bildhafter Sprache zu finden: »Dein Schoß ist ein rundes Becken. Würzwein mangle ihm nicht« (Hld 7,3). So wird die Schönheit der Geliebten gepriesen. »Deiner Hüften Rund ist wie Geschmeide, gefertigt von Künstlerhand« (Hld 7,2). Da die Fähigkeit, Kinder zu bekommen, in der Bibel immer einen großen Wert hat, verbindet sich mit der Schönheit zugleich auch die Fruchtbarkeit.

Das Gegenbild dazu ist der Held, der sein Schwert um die Hüften gürtet (Ps 45,4). Dies symbolisiert Männlichkeit und Kraft, Entschlussfähigkeit und Kampfbereitschaft.

## AM ABEND

Lassen Sie mit einer passenden Musik die Hüften kreisen wie eine Bauchtänzerin.

Bewegen Sie Ihr Becken spielerisch im Rhythmus der Musik. Geben Sie Ihrer Bewegungslust Freiraum im Tanz.

## Zweite Woche – fünfter Tag

# Kopf

Den Kopf zu spüren ist nicht so einfach. Mit dem Kopf ist für viele Menschen das Denken eng verbunden, das Fühlen und Spüren scheint nicht so gut dazu zu passen.
Trotzdem ist die Haltung des Kopfes Ausdruck für verschiedene Seelenzustände:
Den Kopf hängen zu lassen bedeutet resigniert und traurig zu sein. Hoch erhobenen Kopfes aus einer Situation herausgehen signalisiert Selbstbewusstsein und Sicherheit.
Wenn Sie den Kopf verlieren, sind Sie im übertragenen Sinn »kopflos«, Ihren Gefühlen und Ängsten ausgeliefert.

Wenn Sie dem Kopf etwas Gutes tun wollen, entspannen Sie sich durch eine Phantasieübung. Dazu brauchen Sie Ihre Vorstellungskraft.



Stellen Sie sich vor, Sie sind in einer Lichtdusche. Sie sitzen aufrecht und entspannt mit geschlossenen Augen auf einem Stuhl. Von oben leuchtet ein angenehmes, warmes Licht auf Ihren Scheitel. Sie spüren, wie gut Ihnen diese Wärme tut und wie sie sich über Ihre Haare ausbreitet. Das Gefühl von wohltuenden Strahlen hilft Ihnen, Ihr Gesicht zu entspannen.
Sie spüren, wie Ihre Gesichtszüge locker werden, ohne dass Sie sich anstrengen. Mit dem warmen und hellen Licht ist eine innere Klärung verbunden.
Sie können sich ganz auf diese Empfindung konzentrieren, nichts anderes lenkt Sie ab oder stört Ihre Versenkung.

Die Lichtdusche hat für Sie eine heilsame und entspannende Wirkung. Nichts kann Sie im Augenblick erreichen, Sie fühlen nur die Entspannung und Wärme des Lichts.

Verweilen sie einige Zeit in dieser Empfindung. Wählen Sie einen Moment, in dem Sie die Lichteinstrahlung in Ihrer Vorstellung zurücknehmen.
Langsam wird das Licht weniger, es verliert an Intensität und an Wärme. Zählen Sie rückwärts von zehn bis eins. Bei null öffnen Sie vorsichtig die Augen und kehren in die Wirklichkeit zurück.

Genießen Sie die Wirkung dieser Übung noch einige Minuten. Springen Sie nicht sofort auf und gehen zur Tagesordnung über. Lassen Sie die Ruhe nachklingen und -schwingen.

Wenn Sie sich heute auf Ihren Kopf konzentrieren, denken Sie nicht an seine geistigen Anstrengungen.
Stellen Sie sich bei Anforderungen vor, dass die Lichtdusche Sie inspiriert. Kommen Sie auf dieses Bild zurück und rufen Sie es sich in Erinnerung, besonders in Situationen, in denen Sie »den Kopf verlieren«, wenn Sie Hektik und Stress empfinden. Ein solches inneres Bild kann Ihnen helfen, Ihre Ruhe zu bewahren.
Wiederholen Sie für sich das Psalmwort: »In deinem Licht schauen wir das Licht« (Ps 36,10).

## GEBET

*Mit meinem ganzen Körper*
*bin ich empfindungsfähig und sensibel.*
*Heute will ich intensiv meinen Kopf wahrnehmen*
*und mich ihm zuwenden,*
*freundlich, geduldig und verständnisvoll.*
*Lehre mich, die Regungen meines Leibes*
*als eine Botschaft meiner Seele zu erkennen.*
*Ich möchte darauf eingehen und mich freuen,*
*dass ich so empfinden kann.*

## HAUPT UND KOPF IN DER BIBEL

Das Haupt ist die Stelle am Körper, die für die Königswürde und für die Ehrung, die einem Menschen zukommt, am besten geeignet ist: »Du salbst mein Haupt mit Öl, du füllst mir reichlich den Becher« (Ps 23,7).

So beschreibt es der Psalmbeter und meint damit, dass Gott ihn beschenkt und würdigt. Eine andere Stelle (»Nun kann ich mein Haupt erheben über die Feinde, die mich umringen«, Ps 27,6) spiegelt die Erfahrung von Sieg und Selbstvertrauen. Wenn der Mensch Gott wohlgefällig handelt, ruht Segen auf dem Haupt des Gerechten (Spr 10,6). Der Kopf ist damit ein hervorgehobener Körperteil, der zum Ausdruck bringt, wie der Mensch im Leben steht. Im Neuen Testament verheißt Jesus seinen Freunden, dass sie von Kopf bis Fuß von Gottes Huld umgeben sind: »Bei euch sind sogar die Haare auf dem Kopf alle gezählt« (Lk 12,7). Gott weiß um alle Bedürfnisse des Menschen.

## AM ABEND

Nehmen Sie ein Buch und legen Sie es auf Ihren Kopf. Gehen Sie mit dem Buch in Ihrer Wohnung spazieren und versuchen Sie, es im Gleichgewicht zu halten. Spüren Sie, wie dieses Buch Sie zum aufrechten Gang veranlasst.

Durch die Auflage des Buches auf Ihrem Scheitel spüren Sie die Stelle, die als Scheitelchakra das Eingangstor für die Lichtmeditation bildet.

Lassen Sie Ihren Kopf danach etwas Hübsches tragen, probieren Sie einen Hut!

## Zweite Woche – sechster Tag

# Gesicht

Ihr Gesicht ist der Spiegel Ihrer Seele. Wenn Sie es zulassen, verrät ihre Mimik, was in Ihnen vorgeht. So ist die Mimik ein unverwechselbares Spiel Ihrer Ausdrucksmöglichkeiten, es hilft im Miteinander, im Kontakt zu anderen Menschen zu sagen, was Sie mit Worten nicht zu sagen vermögen.
Umso wichtiger ist es, Ihrem Gesicht die nötige Aufmerksamkeit zu schenken.

Wenn Sie schon einmal bei einer Kosmetikerin waren, kennen Sie die leichten und sanften Bewegungen einer Gesichtsmassage. Hier geht es darum, sich selbst in Ihrem Gesicht etwas Gutes zu tun.



Legen Sie sich am besten in Rückenlage auf den Boden, vorzugsweise auf eine warme Unterlage, auf eine Wolldecke.
Sorgen Sie dafür, dass Ihr Kopf nicht zu sehr nach unten abknickt. Wenn es nötig ist, legen Sie ein dünnes Kissen unter den Kopf.

Nehmen Sie beide Hände und beginnen mit einer zarten Behandlung. Führen Sie Zeige- und Mittelfinger auf die Mitte Ihrer Stirn, kurz unter den Haaransatz. Ihre Fingerkuppen streichen von der Stirnmitte zu den Schläfen hin. Vorsichtig und behutsam, mit angenehmem Druck.
Die nächste Bewegung setzt wieder in der Mitte an und geht ein wenig tiefer, sodass Ihre Stirn langsam abgetastet wird.

Danach beginnen Sie oberhalb der Nasenwurzel und streichen über Ihre Augenbrauen.
Die Augen erhalten eine ganz sanfte Berührung, kreisen Sie zart mit den Fingerkuppen auf Ihren geschlossenen Lidern.
Weiter geht es über Ihre Wangen hin zu den Backenknochen.
Vergessen Sie nicht Ihre Schläfen, sie erhalten eine kreisende Massage.
Die Nase wird bedacht mit einem Ausstreifen der Nasenflügel, die Nasenspitze verträgt eine Kreisbewegung, nicht zu ausgreifend.
Setzen Sie wieder in der Mitte an, unter der Nase. Streicheln Sie die Partie über Ihrer Oberlippe zu den Kiefergelenken hin, berühren Sie den Mund und die Lippen liebevoll, streifen Sie dann die Partie unter der Unterlippe aus, bewegen Sie die Fingerkuppen mit sanftem, stetigen Druck.
Das Kinn verträgt eine stärkere kreisförmige Massage.
Legen Sie nun Ihre Finger unterhalb des Ohransatzes, da wo das Kiefergelenk zu spüren ist. Kreisförmige Bewegungen mit den Fingerkuppen helfen Ihnen, die Spannung im Kiefergelenk zu lösen. Achten Sie darauf, dass Sie die Zähne nicht zusammenbeißen!
Reiben Sie zum Schluss Ihre Handflächen aneinander, bis Wärme entsteht. Legen Sie beide Handflächen schützend und bergend auf Ihr Gesicht. Bleiben Sie eine Weile in dieser entspannenden Situation und genießen Sie diese Empfindung.

Im Laufe des Tages erinnern Sie sich an diese Übung. Wählen Sie eine kleine Pause, in der Sie unbeobachtet und allein sind. Legen Sie nochmals beide Handflächen schützend auf Ihr Gesicht. Lassen Sie die Verheißung an das Volk Israel für sich selbst gelten: »Mein Angesicht wird mitgehen, bis ich dir Ruhe verschafft habe« (Ex 33,14).

GEBET

*Mit meinem ganzen Körper*
*bin ich empfindungsfähig und sensibel.*
*Heute will ich intensiv mein Gesicht mit Augen, Wangen,*
*Nase und Mund wahrnehmen und mich ihm zuwenden,*
*freundlich und geduldig und mit Verständnis*
*für alle Gesichtspartien.*
*Lehre mich, die Regungen meines Leibes*
*als eine Botschaft meiner Seele zu erkennen.*
*Ich möchte darauf eingehen und mich freuen,*
*dass ich so empfinden kann.*

DAS GESICHT IN DER BIBEL

Das Angesicht oder Antlitz kommt in der Heiligen Schrift vor, wenn Menschen Gott begegnen. Gott ins Gesicht schauen heißt sterben. Deshalb ist der direkte Blick auf sein Antlitz nicht möglich: »Da verhüllte Mose sein Gesicht; denn er fürchtete sich, Gott anzuschauen« (Ex 3,6). Elija verbirgt sich in einer Höhle, denn der Herr will an ihm vorüberziehen (1 Kön 19,1f).



Trotzdem betet der Psalmist um die heilsame Wirkung der göttlichen Gegenwart: »Herr, lass dein Angesicht über uns leuchten!« (Ps 4,7) »Blick auf zu ihm, so wird euer Gesicht leuchten« (Ps 34,6).

In Jesus hat Gottes Antlitz menschliche Züge angenommen. Das Schauen auf sein Angesicht verwandelt den Menschen und formt ihn nach seinem Vorbild: »Wir alle spiegeln mit enthülltem Angesicht die Herrlichkeit des Herrn wider« (2 Kor 3,18).

AM ABEND

Es gelingt Ihnen besser, Ihr Gesicht wahrzunehmen, wenn Sie eine Gesichtsmaske auftragen.

Wärme und pflegende Cremes helfen bei der Entspannung.

Wenn Sie mögen, können Sie Ihr Gesicht im Spiegel anschauen: Wie sieht es vor der Behandlung aus?

Wie anders blicken Sie sich aus dem Spiegel an, nachdem Sie sich verwöhnt haben?

Geschaffen nach Gottes Ebenbild, dieses Gesicht – Ihr Gesicht.

ZWEITE WOCHE – SIEBTER TAG

# Herz

Das Herz ist nach alter Auffassung die Mitte des Menschen. Denken Sie dabei nicht so sehr an das biologische Herz, sondern ertasten Sie die warme Stelle in der Mitte zwischen Ihren Brüsten. Wenn Sie etwas höher spüren, fühlen Sie das Brustbein, das elastisch mit den Rippenbögen verbunden ist.
Leises Klopfen auf diesen Knochen aktiviert innere Kräfte, Widerstandskräfte um mit den Anforderungen des Alltags zurechtzukommen.

Beginnen Sie mit einer leichten Druckmassage, so sanft, dass Sie keine Beklemmungen bekommen.
Trommeln Sie auf dieser Stelle, als ob Sie mit den Fingern Klavier spielen. Wenn es Ihnen gut tut, erhöhen Sie die Frequenz oder den Druck.
Spüren Sie nach und achten Sie darauf, dass Sie sich wohlfühlen.
Wenn Sie es vertragen, klatschen Sie mit beiden Handinnenflächen großflächig den Bereich oberhalb der Brust und nach außen gehend unterhalb der Brust ab.
Sie können sich an Schimpansen erinnern, die aus Freude diese Bewegung ausführen und dabei kreischen.
Nehmen Sie diese Klopfmassage langsam wieder zurück und lassen Sie sie ausklingen.

Welche Empfindungen haben sich bei Ihnen eingestellt?
Konnten Sie die Übung in Ruhe ausführen?
Fing Ihr Herz an, heftig zu klopfen?

Heftiger Herzschlag ist kein schlechtes Zeichen, Sie können ihn als positive Reaktion willkommen heißen.

Wenn Sie heute einmal außer Atem kommen, beim Treppensteigen oder wenn Sie versuchen, den Bus oder die Bahn noch zu erreichen, dann danken Sie Ihrem Herzen, dass es zuverlässig schlägt.
Wiederholen Sie für sich den Satz: »Gott, ich habe einen Platz in deinem Herzen.«

## GEBET

*Mit meinem ganzen Körper*
*bin ich empfindungsfähig und sensibel.*
*Heute will ich intensiv meinen Oberkörper, mein Herz,*
*meine Brust wahrnehmen und mich ihnen zuwenden,*
*freundlich, geduldig und verständnisvoll.*
*Lehre mich, die Regungen meines Leibes*
*als eine Botschaft meiner Seele zu erkennen.*
*Ich möchte darauf eingehen und mich freuen,*
*dass ich so empfinden kann.*



## DAS HERZ IN DER BIBEL

Das Herz ist in der Sprache der Bibel die seelische Mitte des Menschen. Im Alten und im Neuen Testament wird mit Herz benannt, was wir heute mit Seele bezeichnen würden. »Du wirst Gott auch finden, wenn du dich mit ganzem Herzen und mit ganzer Seele um ihn bemühst« (Dtn 4,29); »Darum sollst du den Herrn, deinen Gott, lieben mit ganzem Herzen, mit ganzer Seele und mit ganzer Kraft. Diese Worte, auf die ich dich heute verpflichte, sollen auf deinem Herzen geschrieben stehen« (Dtn 6,5).

Es geht um die ganze Persönlichkeit des Menschen. Das drückt der Psalmbeter aus, wenn er bittet: »Erschaffe mir, Gott, ein reines Herz und gib mir einen neuen, beständigen Geist« (Ps 51,12). Die Bibel trennt nicht zwischen Herz und Verstand, sie meint das Streben und Handeln des Menschen als Ganzes. Deshalb kommt das Wort »Herz« vergleichsweise häufig in der Bibel vor, auch im Neuen Testament: »Selig, die ein reines Herz haben; denn sie werden Gott schauen« (Mt 5,8) »Brannte uns nicht das Herz in der Brust, als er unterwegs mit uns redete und uns den Sinn der Schrift erschloss?«, fragen die beiden Jünger nach der Begegnung mit dem Auferstandenen auf dem Weg nach Emaus (Lk 24,32). Das Herz steht bildlich für den ganzen Menschen mit Leib und Seele.

## AM ABEND

Spielen Sie mit dem Wort »Herz« und schreiben Sie auf, welche Begriffe Ihnen dazu einfallen: herzlich, von Herzen, da ist mir ein Stein vom Herzen gefallen, die hat das Herz auf dem rechten Fleck, aus seinem Herzen keine Mördergrube machen und ähnliche Redewendungen.

Versuchen Sie einen Zugang zu diesen Sätzen zu finden und eine Verbindung zu sich selbst herzustellen. Welche Formulierung passt am besten zu Ihnen?

## Dritte Woche

# HÖREN

Die dritte Woche beschäftigt sich mit dem Hören. Für das gute Hören gibt es wenig bewusste Aufmerksamkeit. Es scheint normal zu sein, hören zu können. Es fällt allerdings sehr auf, wenn jemand schwerhörig ist und nichts daran ändert, also z. B. kein Hörgerät verwendet. Wenn andere sehr laut reden müssen, damit etwas verstehbar ist, oder sogar schreien, um sich verständlich zu machen, ist das eine echte Einschränkung der Lebensqualität – nicht nur für die schlecht Hörende. Es kostet die Umgebung große Geduld und Mühe, so laut und deutlich zu sprechen, dass der oder die Schwerhörige mitbekommen kann, was gesagt wird.



Auf der anderen Seite macht das Zuhören für Schwerhörige die Wahrnehmung zu einer anstrengenden Angelegenheit. Wenn Sie sich bewusst bemühen müssen, etwas zu verstehen, spüren Sie genau, wie viel Kraft es Sie kostet. In einer lauten Umgebung wie in einer Disco oder einem Fußballstadion fällt es schwer, sich zu unterhalten und die anderen zu verstehen. Das liegt daran, dass erhöhte Konzentration dafür erforderlich ist, etwas aufzunehmen.

Das Einüben des Hinhörens ist eine lebenslange Aufgabe. Sie hat viel mit Konzentration zu tun. Hinhören auf das, was die Mutter sagt, wenn es Zeit ist, mit dem Spielen Schluss zu machen, hat weniger mit dem akustischen Hören als mit der Konzentration, Aufmerksamkeit und Bereitschaft zum Hören und Handeln zu tun. Genauso ist es mit dem Hinhören auf kleine Nuancen und Details in der Umgebung. Manchen Menschen entgehen diesen Nuancen, andere haben dafür ein Ohr und nehmen sie auf: das Zwitschern der Vögel, das Nebengeräusch im Auto, das signalisiert, das etwas nicht stimmt, das Brummen eines elektrischen Geräts in einem Betriebsdauerton. Hören hat viel mit dem Bewusstsein zu tun. Sich einstimmen auf das Kommende, auf das zu Erwartende. So betrachtet hat Hören mit Advent, Ankunft und Ankommen zu tun.

»Höre, Israel! Jahwe, unser Gott, Jahwe ist einzig. Darum sollst du den Herrn, deinen Gott, lieben mit ganzem Herzen, mit ganzer Seele und mit ganzer Kraft.« So lauten die Worte im zentralen Glaubensbekenntnis des Volkes Israel (Dtn 6,4). – Diese Worte betet jeder gläubige Jude jeden Tag. Und sie sind so wichtig, dass sie jedem Gebet vorangestellt werden. Hören auf Gottes Wort ist die Mitte des Gottesdienstes. Unter allen Sinnen ist das Hören besonders wichtig, um Gottes Botschaft zu verstehen, um Gott erfahrbar werden zu lassen.

Üben Sie das Hören, um neue Zugänge zur Wahrnehmung der Signale Gottes zu gewinnen. Verbringen Sie eine Woche bewusst mit dem Hören und öffnen Sie Ihr Bewusstsein für Gottes Möglichkeiten, konkret in Ihr Leben hinein zu sprechen. Wenn Sie diesen Sinn schärfen und Ihre Aufmerksamkeit dem Hören schenken, werden Sie verfeinert das wahrnehmen können, was Gott Ihnen nahe bringen möchte.

## DRITTE WOCHE – ERSTER TAG

# Natur

Viele Geräusche der Natur gehen in unserem Alltag unter. Vielleicht kommt das daher, dass wir selbst so laut geworden sind. Erst wenn es still wird, ist das Zwitschern des Vogels zu hören oder das Pfeifen des Windes, der ums Haus weht.

Konzentrieren Sie sich heute bewusst auf die Geräusche der Natur. Suchen Sie sich während des Tages einen Moment, in dem Sie aktiv auf Vögel, Insekten, auf den Wind oder den Regen hören. Erleben Sie die völlig andere Qualität dieser Geräusche, wenn Sie sie bewusst wahrnehmen.
Nehmen Sie sich Zeit dafür, ihnen zu lauschen und zuzuhören.

Es gibt gute CDs, die solche Naturgeräusche wiedergeben: das Plätschern des Wassers, das Rauschen des Meeres, das Prasseln des Regens während eines Gewitters, Blitz und Donner.
Sollten Sie in der Stadt wohnen und es für Sie schwierig sein, in die Natur zu kommen, hören Sie stattdessen eine solche CD.

Wenn Sie keine CD besitzen oder kaufen wollen, machen Sie eine Phantasiereise: Erinnern Sie sich an einen Tag, an dem Sie das Zwitschern der Vögel besonders intensiv und bewusst erleben konnten. Versetzen Sie sich zurück an diesen Ort und genießen Sie das Hörerlebnis, das Sie damals hatten.
Je genauer Sie sich die Situation vorstellen, desto besser wird es Ihnen gelingen, die Geräusche der Natur mit Ihrem inneren Ohr zu vernehmen.

GEBET

*Gott, hilf mir heute, aufmerksam zu sein*
*und meine Ohren zu öffnen für das,*
*was du mir sagen willst.*
*Dein Wort klingt mit in der Natur,*
*in den Geräuschen von Wind und Regen,*
*in den vielen Tönen der Vögel,*
*die ich unbewusst aufnehme.*
*Gib mir ein hörendes Herz, das deine Spuren wahrnimmt,*
*und vertiefe meine Bereitschaft,*
*auf Ungewohntes neu zu hören.*

NATUR IN DER BIBEL

In der Bibel wird von der Natur in bildhaften Worten gesprochen, weniger so, wie wir es gewohnt sind. Statt vom Zwitschern der Vögel spricht die Heilige Schrift vom Lied der Vögel: »An den Ufern wohnen die Vögel des Himmels; aus den Zweigen erklingt ihr Gesang« (Ps 104,12).

»Dröhnend rollte dein Donner, Blitze erhellten den Erdkreis« (Ps 77,19). – Naturerscheinungen wie Donner, Blitz und Feuer kündigen Gottes Geist oder seine Erscheinung an, z. B. bei der Offenbarung Gottes am Sinai (Ex 19,18). Andererseits muss es nicht immer laut und gewaltig klingen, wenn Gott kommt. Es gibt auch das leise und zarte Auftreten des Göttlichen in der Natur. So erlebt es der Prophet Elija, der aus der Höhle heraustritt, in der er sich versteckt hat. Er vernimmt Gott im sanften Säuseln (1 Kön 19,13).

In entscheidenden Lebenssituationen deutet das Volk Israel das Eingreifen Gottes in der Natur als Gebetserhörung. So erbittet der Prophet Elija in einer Trockenzeit den lang ersehnten Regen. Als er das erste Zeichen am Himmel sieht, in Form einer Wolke, so klein wie eine Menschenhand, sagt er zu König Ahab: »Geh hinauf, iss und trink; denn ich höre das Rauschen des Regens« (1 Kön 18,41). So erfüllt Gott seine Verheißung.

Als Herr der Schöpfung lässt er die Natur zum Menschen sprechen: »Er spendet Schnee wie Wolle, streut den Reif aus wie Asche. Eis wirft er herab in Brocken, vor seiner Kälte erstarren die Wasser« (Ps 147,16f). So hören Menschen auf Gott durch die Naturelemente.

### AM ABEND

Vielleicht wird es Ihnen bewusst, welche Geräusche heute überwiegend an Ihr Ohr gedrungen sind und die Naturgeräusche verdrängt haben.

Lassen Sie sich nicht von dieser negativen Eingebung bestimmen, sondern konzentrieren Sie sich auf das, was Ihnen positiv zu Ohren gekommen ist.

Sammeln Sie die natürlichen Höreindrücke dieses Tages wie eine wohltuende Melodie aus Gottes Schöpfung.

## Dritte Woche – zweiter Tag

# Hintergrund

Klangteppich – dieses Wort beschreibt anschaulich, wie unterschiedlich Geräusche in ihrem Zusammenklang auf uns einwirken. Wenn Sie heute ein Gemisch aus unterschiedlichen Lauten hören, versuchen Sie, ein einzelnes Hintergrundgeräusch aus dem Klangteppich herauszufiltern.

Die folgende Geschichte illustriert diese Fähigkeit :
Ein Indianer besuchte mit einem Stadtbewohner die große Stadt New York. Der Städter beklagte sich bei ihm darüber, dass die Bewohner dieser Stadt die leisen Geräusche nicht mehr richtig wahrnehmen könnten, das Singen der Vögel, das Rauschen des Windes, das leise Klopfen an der Tür.
Der Indianer widersprach ihm. Die Stadtbewohner könnten sehr gut auch leise Geräusche hören. Sie haben nur gelernt, auf anderes zu achten als auf die Natur. Er ließ beim Spaziergehen in der Menge spielerisch einige Münzen fallen. Sofort drehten sich die Menschen vor ihnen um und schauten nach, wie viele und welche Münzen gefallen waren.
»Sie können gut hören«, sagte der Indianer. »Sie hören auf die Dinge, die ihnen wichtig sind.«

Welche Hintergrundgeräusche sind Ihnen wichtig?
Suchen Sie nach einem Geräusch, das Ihnen heute Wichtiges signalisiert. Das kann das Gluckern der Kaffeemaschine sein, weil Sie sich Ihr Frühstück nicht ohne Kaffee vorstellen können. Das kann das Summen Ihres Computers sein, wenn Sie ihn einschal-

ten und er funktioniert, wie er soll. Sammeln Sie die Hintergrundgeräusche, die Ihnen etwas bedeuten.

Wenn Sie auf ein Geräusch aufmerksam werden, das Sie stört und ärgert: Bleiben Sie nicht daran hängen, sondern wenden Sie Ihre Aufmerksamkeit bewusst anderen Geräuschen zu.
Es ist eine Kunst, nur das zu hören, was Sie hören wollen!

## GEBET

*Gott, hilf mir heute, aufmerksam zu sein*
*und meine Ohren zu öffnen für das,*
*was du mir sagen willst.*
*Dein Wort klingt mit in den Hintergrundgeräuschen des Alltags,*
*in den vielen Zwischentönen,*
*die ich unbewusst aufnehme.*
*Gib mir ein hörendes Herz, das deine Spuren wahrnimmt,*
*und vertiefe meine Bereitschaft,*
*auf Ungewohntes neu zu hören.*



## BEWUSSTES HÖREN IN DER BIBEL

Die Fähigkeit zu hören steht in der Bibel für die Bereitschaft des Menschen, Gottes Wort aufzunehmen. Daher sind Verstummen oder Taubheit immer ein Zeichen dafür, dass Menschen zu wenig Aufmerksamkeit für das Wirken Gottes aufbringen. »Ich bin wie ein Tauber, der nicht hört, wie ein Stummer, der den Mund nicht auftut« (Ps 38,14). Dagegen steht die Verheißung Gottes, die Sinne wieder frei zu machen für sein Wort: »Dann werden die Augen der Blinden geöffnet, auch die Ohren der Tauben sind wieder offen« (Jes 35,5).

Im Neuen Testament wendet sich Jesus Menschen zu, die nicht hören können. So heilt er einen Taubstummen. Die Pharisäer sagen daraufhin zueinander: »Er hat alles gut gemacht; er macht, dass die Tauben hören und die Stummen sprechen« (Mk 7,31-37). Jesus geht es dabei nicht nur um die Heilung im leiblichen Sinn, sondern immer auch um die ganzheitliche Heilung, um die Fähigkeit, am Leben teilzunehmen und zur Gemeinschaft zu gehören.

AM ABEND

Welche Hintergrundgeräusche haben Sie heute eingesammelt?

Wie bewusst haben Sie bis jetzt Ihrem Hören Aufmerksamkeit geschenkt?

Wenn Sie ein Konzert aus Klängen komponieren könnten, welche Geräusche kämen darin vor?

DRITTE WOCHE – DRITTER TAG

# Körper

Heute sollen die Geräusche des Körpers Sie begleiten. Unser Körper spricht nonverbal, ohne Worte zu uns. Achten Sie einmal verstärkt darauf, welche Laute Menschen von sich geben, Laute, die nicht aus Wörtern und Sprache bestehen.

Lauschen Sie auf den eigenen Atem. Das gelingt Ihnen am besten in der Stille. Wenn Sie erkältet sind, wird der Atem lauter und nasaler, unangenehm ist ein Rasseln in der Brust bei schlimmem Husten.

Gönnen Sie sich Aufmerksamkeit für Ihr Naseputzen. Schneuzen gehört zu den Geräuschen und Aktivitäten, die sich nicht unterdrücken lassen, eine vitale Äußerung des Leibes.



Haben Sie schon einmal die unterschiedlichen Formen von Niesen gehört? Die eine niest kurz und herzhaft, es hört sich fast wie ein Husten an. Die andere niest ausführlich und atmet dabei kräftig aus.

Ohne Worte geschieht das Räuspern, trotzdem macht es nonverbal auf die Person aufmerksam, die sich räuspert. Es klärt die Stimme, es kann aber auch eine nervöse Angewohnheit sein. Bei Heiserkeit verbieten die Ärzte das Räuspern, es strengt zu sehr an und strapaziert die empfindlichen Stimmbänder.
Es ist einfach, auf Lachen oder auf Weinen zu lauschen! Diese leiblichen Äußerungen kommen häufig vor.

Sammeln Sie alle Körpergeräusche, die Sie heute mitbekommen. Seufzen, Stöhnen, Ächzen, Prusten, Kichern, Schluchzen …
All dies sind vitale Lebensäußerungen und gehören zu Ihrer Lebendigkeit.
Dazu passt das Psalmwort: »Ich danke dir, dass du mich so wunderbar gestaltet hast. Ich weiß, staunenswert sind deine Werke!« (Ps 139,14).

## GEBET

*Gott, hilf mir heute, aufmerksam zu sein*
*und meine Ohren zu öffnen für das,*
*was du mir sagen willst.*
*Dein Wort klingt mit in den Regungen des Leibes,*
*in den vielen Zwischentönen,*
*die ich unbewusst aufnehme.*
*Gib mir ein hörendes Herz, das deine Spuren wahrnimmt,*
*und vertiefe meine Bereitschaft,*
*auf Ungewohntes neu zu hören.*



## DAS OHR IN DER BIBEL

Als Sinnesorgan hat das Ohr eine entscheidende Bedeutung in der Bibel. Es unterstreicht den Vorgang des Hörens, wenn vom Ohr die Rede ist. »Höre, Tochter, sieh her und neige dein Ohr« (Ps 34,11). »Das Ohr, das hört, und das Auge, das sieht, der Herr hat sie beide geschaffen« (Spr 20,12). Fast scheint es ein Eigenleben zu haben: Das Ohr kann sich öffnen und schließen. Symbolisch gesprochen sind die Konzentration und Aufmerksamkeit des Menschen gemeint, die auch ein Geschenk Gottes sind: »Jeden Morgen weckt er mein Ohr, damit ich auf ihn höre wie ein Jünger« (Jes 50,4).

Die Menschen der Bibel sind mit ihren Gefühlen und leiblichen Äußerungen sehr vertraut und scheuen sich nicht, Lachen und Weinen ungeniert zu zeigen. Sara lacht, als sie von der Verheißung Gottes hört, dass sie im hohen Alter noch ein Kind zur Welt bringen soll (Gen 18,12). Erschüttert und heftig weint König Saul, als er einsieht, dass David ihn verschont hat, statt ihn zu töten, wie es möglich gewesen wäre (1 Sam 24,17). Petrus weint bitterlich, als ihm bewusst wird, dass er Jesus verleugnet hat (Mt 26,75).

AM ABEND

Lauschen Sie in sich hinein: Welche Körpergeräusche haben Sie heute wahrgenommen?

Vielleicht hat die Beschäftigung mit dem Körper Ihnen neue Wege gezeigt, das Hören und Lauschen an sich zu üben.

Nehmen Sie sich Zeit dafür, den Tag nachklingen zu lassen. Achten Sie dabei besonders auf Ihren Atem, eine besonders leise Äußerung Ihres Leibes.

## Dritte Woche – vierter Tag

# Stille

»Es ist so himmlisch ruhig hier!« Können Sie diese Aussage teilen? Oder gehören Sie zu den Menschen, die es gern lebhaft und geräuschvoll haben? Dann ist ein stiller Ort für Sie eher »schrecklich ruhig« und »langweilig«.

Stille ist ein kostbares Gut. Das kommt uns oft erst dann zum Bewusstsein, wenn zum Beispiel ein ständiges Ohrgeräusch die Stille stört.
Eine vorbeugende Maßnahme ist der bewusste Verzicht aufs Hören. Versuchen Sie heute, bewusst am Morgen das Radio auszulassen. Nehmen Sie sich einen fernsehfreien Tag vor. Wenn Sie können, ziehen Sie sich an einen Ort zurück, an dem Sie nicht gestört werden, wo kein Telefon klingelt und niemand anklopft.



Es kann sein, dass Sie die Stille nur schwer aushalten können. Es kann sein, dass Stille für Sie eine Wohltat ist, wenn Sie sich dazu entschließen.

Alle religiöse Besinnung basiert auf der Stille. Falls Sie sich dem göttlichen Bereich nähern wollen, lernen Sie zuerst zu lauschen und still zu werden.

Die Erfahrung lässt sich selten in einer einzigen Übung erleben. Wenn Sie Übung mit der erlebten Stille haben, dann wissen Sie um ihre die seelen-reinigende Wirkung.

Gibt es einen Menschen, mit dem Sie Stille teilen können oder das gerne tun würden? Ein Spaziergang im Schweigen kann zu einem tiefen Erlebnis werden, wenn Sie es vorher miteinander vereinbart haben.

Experimentieren Sie heute mit der Stille. Wenn es Ihnen nicht gelingt, reagieren Sie freundlich darauf und lassen Sie sich nicht entmutigen. Es braucht mehr als einen Anlauf, um der Stille Raum zu geben.

## GEBET

*Gott, hilf mir heute, aufmerksam zu sein*
*und meine Ohren zu öffnen für das,*
*was du mir sagen willst.*
*Dein Wort klingt mit in der Stille,*
*in den vielen schweigsamen Momenten,*
*die ich unbewusst aufnehme.*
*Gib mir ein hörendes Herz, das deine Spuren wahrnimmt,*
*und vertiefe meine Bereitschaft,*
*auf Ungewohntes neu zu hören.*



## STILLE IN DER BIBEL

Stille kommt in der Heiligen Schrift vor, wenn Gott das Brausen des Meeres besänftigt (Ps 65,8 »Du stillst das Brausen der Meere«) oder wenn er dem Menschen gibt, was er zu seinem Glück braucht (Ps 23,3 »Er stillt mein Verlangen«). »Bei Gott allein kommt meine

Seele zur Ruhe« (Ps 62,2). »Ich ließ meine Seele ruhig werden und still. Wie ein kleines Kind bei der Mutter, ist meine Seele, Gott, in mir« (Ps 131,2).

Wo jemand ruhig wird und die Rastlosigkeit ablegen kann, ist Offenheit für göttliche Berührung. Dazu lädt besonders der Sonntag ein, der als Ruhetag gedacht ist: »An ihm darfst du keine Arbeit tun. Denn in sechs Tagen hat der Herr Himmel und Erde gemacht ...; am siebten Tag ruhte er« (Ex 20,10).

## AM ABEND

Hat die Stille an diesem Tag Raum bei Ihnen bekommen?

Es genügt, wenn Sie in einem einzigen Moment diese Empfindung erahnen konnten.

Der Abend ist eine geeignete Zeit am Tag, um Stille einkehren zu lassen.

Zünden Sie eine Kerze an, betrachten Sie ein meditatives Bild. Bleiben Sie zehn bis fünfzehn Minuten in dieser Stille.

DRITTE WOCHE – FÜNFTER TAG

# Musik

Was bedeutet Ihnen Musik? Sind Sie ein Mensch, der ohne Musik nicht gut leben kann? Oder spielen Stereoanlage, CD-Player oder Radio keine Rolle in Ihrem Leben? Wenn Sie eine große Sammlung »Ihrer« Musik haben, gehören Sie mit Sicherheit zu den Menschen, die gern Musik hören.

Stellen Sie sich vor, Sie müssten sich auf eine einzige CD beschränken, weil Sie auf die berühmte einsame Insel nicht viel mitnehmen können. Welche Art von Musik würden Sie auswählen, um sie wieder und wieder zu hören?

Wenn Sie ein Instrument spielen können: Was verbinden Sie mit dieser Musik? Haben Sie ein lustvolles Verhältnis dazu oder hat es immer nur eine Verpflichtung für Sie bedeutet, dieses Instrument zu spielen? Drücken Sie Ihre Gefühle und Stimmungen durch das Spielen aus?

Wenn Sie kein Instrument spielen können, welches würden Sie gern beherrschen? Warum würde Sie gerade dieses auswählen – was bedeutet es für Sie?

Die Vorstellung eines Himmels beinhaltet für viele Menschen Engel, die auf Harfen himmlische Musik machen. Wenn diese Vorstellung auch kindlich und zu anschaulich erscheint, spiegelt sie doch etwas von der Bedeutung der Musik wider, Gottes Sprache zu sein.

Im Alten Testament werden Musik und Tanz genannt, wenn die Bundeslade als höchstes Heiligtum vor dem Volk hergetragen wird.

Lassen Sie Musik heute auf sich wirken als Berührtwerden ohne Worte. Falls Sie Lust dazu haben, malen Sie die Gefühle, die Sie beim Hören Ihrer Lieblingsmusik erleben.

## GEBET

*Gott, hilf mir heute, aufmerksam zu sein*
*und meine Ohren zu öffnen für das,*
*was du mir sagen willst.*
*Dein Wort klingt mit im Klang und Rhythmus der Musik,*
*in den Melodien des Alltags,*
*in den vielen Zwischentönen,*
*die ich unbewusst aufnehme.*
*Gib mir ein hörendes Herz, das deine Spuren wahrnimmt,*
*und vertiefe meine Bereitschaft,*
*auf Ungewohntes neu zu hören.*



## MUSIK IN DER BIBEL

Wenn die Bibel von Musik und Tanz spricht, geht es oft um den Lobpreis Gottes. Lieder, die Gott gesungen werden, oder der Klang von Zimbeln, Harfen und Trommeln drücken Lebensfreude aus. »Freude und Fröhlichkeit findet man dort, Lobpreis und den Klang von Liedern« (Jes 51,3). »Als sie nach Davids Sieg über den Philister heimkehrten, zogen die Frauen aus allen Städten Israels König Saul singend und tanzend mit Handpauken, Freudenrufen und Zimbeln entgegen« (1 Sam 18,6). Auch als Therapie gegen Schwermut ist die Musik der Heiligen Schrift bekannt. König Saul hörte mit Vorliebe den Klängen der Harfe zu, die der junge David für ihn spielte, um seine Depressionen zu vertreiben (1 Sam 16,23).

### AM ABEND

Welche Musik mögen Sie am Abend gern hören? Gibt es Unterschiede zu dem, was Sie tagsüber bevorzugen?

Musik kann Menschen verbinden. Gibt es Musik, die Sie an einen bestimmten Freund/eine Freundin erinnert?

Gibt es ein Einschlaflied, das Sie als Kind begleitet hat?

## Dritte Woche – sechster Tag

# Lärm

Geräuschbelästigung – ein Phänomen im Alltag, das Ihnen mit Sicherheit überall begegnet.
Wagen Sie es heute, dem Lärm Aufmerksamkeit zu schenken, ohne sich von ihm gefangen nehmen zu lassen. Richten Sie Ihr Ohrenmerk bewusst in kurzen Augenblicken auf den Lärm, der Sie umgibt: auf das Geräusch von fahrenden Autos, auf das Hupen, Bremsen, Anfahren, Aufheulen der Motoren. Auf den nervtötenden Lärm einer Baustelle mit Klopfen, Hämmern, Sägen, Transportieren von schweren Lasten, die abgeladen werden, Bohrmaschinen, Motorengeräusch von Schaufelbaggern, Mischmaschinen. Lassen Sie sich auf die Geräusche der Technik ein, auf den Lärm von Flugzeugen, Zügen und Straßenbahnen, die uns zu Diensten sind.



Wenn Sie diese Klänge als belastend und nervtötend erleben, setzen Sie sich ihnen nur kurzfristig aus, wenn es möglich ist. Wenn Sie bewusst hinhorchen, erleben Sie vielleicht ein merkwürdiges Phänomen: Je konzentrierter Sie darauf achten, desto mehr tritt der Lärm zurück. Es entsteht ein Gewöhnungseffekt, der Sie und Ihre Ohren schützt.
Die heilige Thérèse von Lisieux wendete diese Methode an, als eine Mitschwester sie mit einem kleinen unbewusst verursachten Geräusch (wahrscheinlich war es ein Zähneknirschen) beim Gebet in der Kapelle störte. Zuerst bemüht sie sich, das Geräusch zu ignorieren, was ihr nicht gelingt. Daraufhin versucht sie, das Geräusch zu lieben und ihm zu lauschen, als wäre es ein entzückendes Konzert.

»Mein ganzes Gebet bestand darin, dieses Konzert Jesus darzubringen«, schreibt sie. Darin steckt eine tiefe Weisheit. Wenn etwas nicht zu ändern ist, kann das Annehmen des Übels Gelassenheit und innere Freiheit trotz aller Belästigung ermöglichen.

Üben Sie heute, diese innere Freiheit zu entdecken, wenn Sie dem Lärm in Ihrer Umgebung zuhören.

## GEBET

*Gott, hilf mir heute, aufmerksam zu sein*
*und meine Ohren zu öffnen für das,*
*was du mir sagen willst.*
*Dein Wort klingt mit in Geräuschen,*
*die mich stören und mich herausfordern,*
*im Lärm, den ich unbewusst aufnehme.*
*Gib mir ein hörendes Herz, das deine Spuren wahrnimmt,*
*und vertiefe meine Bereitschaft,*
*auf Ungewohntes neu zu hören.*



## LÄRM IN DER BIBEL

Lärmen und Lärm in der Bibel sind größtenteils im Zusammenhang mit störenden Eindrücken erwähnt. Die Stadt Jerusalem wird in ihren schlechtesten Zeiten als »Stadt voll Lärm und Gedränge« beschrieben (Jes 22,2). Nachdem die Stadt Tyrus gefallen ist, spricht Gott durch den Propheten Ezechiel: »So mache ich deinen lärmenden Liedern ein Ende« (Ez 26,13) und von Babel heißt es: »Der Herr verwüstet Babel und macht seinem lauten Lärmen ein Ende« (Jer 51,55).

Zugleich ist Lärm ein Signal, das mit Krieg verbunden ist und zum Aufbruch ruft: »Der Lärm aus der Stadt, Trompetengeschmetter und lautes Geschrei drangen bis zum Himmel« (1 Makk 5,31). Der Tag des Herrn wird durch Signalblasen eingeleitet: »Auf dem Zion stoßt in das Horn, schlagt Lärm auf meinem heiligen Berg« (Joël 2,1).

## AM ABEND

Lassen Sie die Lärmeindrücke des Tages an sich vorüberziehen. Welches von diesen Geräuschen hat für Sie trotz allem eine positive Qualität?

Wenn Sie ein Konzert aus dem Gehörten zusammenstellen sollten, wie würden Sie es nennen?

DRITTE WOCHE – SIEBTER TAG

# Mein Name

Der eigene Name ist etwas sehr Persönliches und mit das erste, das Sie zu hören bekamen, als Sie klein waren. Welche Erinnerungen haben Sie an das Aussprechen und Rufen Ihres Namens?
Gibt es einen Kosenamen, den Sie als Kind bekamen? Wenn Sie sich daran erinnern, welche Gefühle schwingen mit, wenn Sie gerufen wurden?
Von wem hören Sie ihren Namen am liebsten ausgesprochen? Gibt es Unterschiede, wer Sie wie nennen darf? Wer darf Sie mit einem Kosenamen ansprechen?

Wenn es ein Lied gäbe, das Ihren Namen ausdrücken sollte, wäre es ein lebhaftes, ruhiges, ein trauriges oder ein fröhliches Lied?
Stellen Sie sich vor, alle Ihre Freundinnen kämen zusammen und sängen Ihren Namen in den verschiedensten Tönen und Klängen: ein wunderbares Zusammenspiel von verschiedenen Lauten. Können Sie einzelne Stimmen der Freundinnen voneinander unterscheiden?
Wenn jede Freundin Ihren Namen auf Tonband sprechen würde, nur dieses eine Wort, Ihren Namen, könnten Sie die Freundin an der Art, wie sie Ihren Namen ausspricht, erkennen?

Bei der Aufnahme in eine Ordensgemeinschaft gibt es die Tradition, sich einen neuen Namen zu wählen oder einen neuen Namen zu bekommen, weil ein neues Leben mit Gott beginnen soll. Diese Tradition beruft sich auf die Schriftstelle in Jes 62,2: »Man ruft dich mit einem neuen Namen, den der Mund des

Herrn für dich bestimmt.« Welchen Namen würden Sie für sich aussuchen, wenn Sie die Möglichkeit dazu hätten? Oder würden Sie Ihren Namen behalten wollen?
Was verbinden Sie mit Ihrem Vornamen oder mit Ihrem zweiten Vornamen, wenn Sie einen haben? Gibt es eine Namenspatronin oder eine Verwandte, die so hieß?
Bringen Sie Ihrem Namen Sympathie entgegen? Oder haben Sie sich mit Ihrem Namen mehr schlecht als recht abgefunden?

Achten Sie heute darauf, wenn Sie mit Ihrem Namen angesprochen werden, wie das in Ihren Ohren klingt. Beobachten Sie, wer Sie wie anspricht, ob mit Nachnamen, Vornamen, Kosenamen.

Immer wenn Ihr Name fällt, denken Sie daran: »Gott hat meinen Namen in seine Hand geschrieben. Ich gehöre ihm.«

GEBET

*Gott, hilf mir heute, aufmerksam zu sein*
*und meine Ohren zu öffnen für das,*
*was du mir sagen willst.*
*Dein Wort klingt mit, wenn mein Name genannt wird.*
*In der Art, wie ich angesprochen werde,*
*in den vielen Zwischentönen,*
*die ich unbewusst aufnehme.*
*Gib mir ein hörendes Herz, das deine Spuren wahrnimmt,*
*und vertiefe meine Bereitschaft,*
*auf Ungewohntes neu zu hören.*

## DER NAME IN DER BIBEL

Der Name ist in der Heiligen Schrift gleichbedeutend mit dem ganzen Menschen. Der Name sagt alles aus über die Person. Deshalb haben bedeutende Menschen in der Bibel bedeutsame Namen, die übersetzt und erklärt werden.

So wird Israel z. B. gleichgesetzt mit »Gotteskämpfer« – es ist ein neuer Name, der Jakob verliehen wird, nachdem er mit Gott in Gestalt seines Engels gerungen hat.

Wenn Gott einen Menschen beim Namen ruft, ruft er ihn oder sie in seine Nähe und in eine innige Beziehung: »Fürchte dich nicht, denn ich habe dich ausgelöst, ich habe dich beim Namen gerufen; du gehörst mir« (Jes 32,1). »Als ich noch im Schoß meiner Mutter war, hat er mich schon beim Namen genannt« (Jes 49,1).

Im Neuen Testament beschreibt Jesus diese enge Beziehung im Bild des guten Hirten: »Er ruft die Schafe, die ihm gehören, einzeln beim Namen und führt sie hinaus« (Joh 3,10). In allen Zusammenhängen zählt der Mensch ganz persönlich, unverwechselbar und in allen seinen Eigenarten und wird von Gott angesprochen.



## AM ABEND

Schreiben Sie Ihren Namen auf ein großes Blatt Papier.

Gestalten Sie die einzelnen Buchstaben Ihres Namens in verschiedenen Farben, mit Wachsmalstiften oder Buntstiften.

Gott hat meinen Namen in seine Hand geschrieben. Ich gehöre ihm.

## Vierte Woche

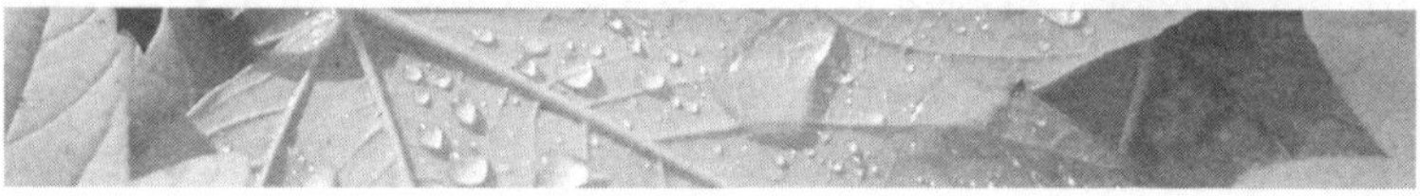

# RIECHEN UND SCHMECKEN

Die vierte Woche beschäftigt sich mit dem Geruchs- und Geschmackssinn. Riechen und schmecken gehören physiologisch eng zusammen, deshalb ist es passend, sie in einem Kapitel zu behandeln.

Diese beiden Sinne, Geruch und Geschmack, sind entwicklungsgeschichtlich »alte« Sinne. Sie bilden wichtige Grundlagen für das Überleben in der Wildnis. Hunde und Raubkatzen, Hirsche und Rehe und auch unsere Verwandten, die Menschenaffen, sie alle haben einen ausgeprägten Geruchssinn, mit dem sie sich orientieren. Den Geruch eines Feindes wittern zu können gehört zum elementaren Schutz vor Gefahr. Je früher das Tier etwas wittert, desto eher vermag es zu fliehen oder das Wild zu jagen, das es erlegen will. Am Geruch eines Fressens erkennen Tiere, was essbar und was schon verdorben ist.

Uns Menschen sind von dieser Riechfähigkeit nur noch Reste übriggeblieben. Unsere Nase ist bei weitem nicht so fein abgestuft und in der Lage, Düfte und Gerüche zu unterscheiden, wie die der Tiere.

Trotzdem hängt es mit Sympathie und Antipathie zusammen, ob wir jemanden »riechen« können. Nicht nur der erste Eindruck des Auges, auch die erste Wahrnehmung des Duftes eines Menschen kann Wohlwollen oder Abneigung bewirken. Viele Prozesse dieser Wahrnehmung laufen unbewusst ab und sind der direkten Verstandeswahrnehmung entzogen. Die Werbung macht sich diese Wirkung zunutze. Sie setzt auf die erotisierende Ausstrahlung von Parfüm bei Frauen, inzwischen auch bei Männern und ihren Düften. Waschpulver riecht frisch und sauber und wird eher verkauft, wenn ein angenehmer Duft mit ihm verbunden ist. Es gibt unzählige Einflüsse, die durch den Geruchssinn vermittelt werden.

Forschungen haben gezeigt, dass das Duftgedächtnis vor aller Sprache funktioniert. In Experimenten sollten sich Versuchspersonen verschiedene Düfte einprägen, die sie zuvor dargeboten bekommen hatten. In einem zweiten Durchgang sollten sie angeben, ob sie diesen Duft schon einmal gerochen hatten. Die Wiedererkennungsrate war sehr hoch. Wenn die Versuchspersonen den Fantasienamen zu dem entsprechenden Duft wiedergeben sollten, war die Trefferquote sehr viel geringer. Die Namen der Düfte waren schwerer erlernbar als die Qualität der dargebotenen Gerüche. Die Erinnerungsfähigkeit für Düfte ist also vorsprachlich. Deshalb können wir uns so gut an Gerüche aus der Kindheit erinnern. Ganze Situationen und Menschen tauchen aus der Vergangenheit auf, ohne dass wir sie sprachlich mit einer genauen Bezeichnung belegen könnten. Die Erlebnistiefe bleibt dabei voll erhalten.



Wenn ein Mensch seinen Geruchssinn verliert, schwindet damit auch die Fähigkeit zu schmecken. Sie kennen dieses Phänomen, wenn Sie eine Erkältung haben. Alles schmeckt gleich und wie nach Stroh, weil die Nase zu ist und Sie nichts mehr riechen können. Menschen, die diese beiden Sinne vorübergehend oder ganz eingebüßt haben, berichten von einer großen Einschränkung ihrer Genussfähigkeit. In manchen Fällen regeneriert sich der Riechnerv. Andere Menschen müssen auf den Geruchs- und Geschmackssinn nach einem Unfall für immer verzichten.

In der Heiligen Schrift hat die Bedeutung von Riechen und Schmecken oft mit den Opfergaben zu tun, die Gott dargebracht werden. In diesem Zusammenhang geht es um rituelle Zeremonien, in denen nach bestimmten Vorschriften Tiere geschlachtet und verteilt werden. Heute ist uns diese religiöse Praxis eher fremd. Trotzdem besteht auch in der christlichen Tradition ein Rest davon fort. Die Betonung von Riechen und Schmecken in einer zentralen Feier unseres Glaubens, in der Eucharistiefeier, zeigt die Bedeutung dieser beiden Sinne: »Kostet und seht, wie gütig der Herr ist« (Ps 34,9) – ein Schriftzitat, das oft zur Kommunion verwendet wird. Wein und Brot sind deutliche Zeichen für einen Gott, der aufs Schmecken und Riechen Wert legt, der nicht nur geistliche Kommunion, sondern konkret das Kosten der Früchte der Erde in diese Feier einbezogen hat.

Vierte Woche – erster Tag

# Kaffeeduft

Riechen und schmecken gehören eng zusammen. Wenn Sie einen guten Duft wahrnehmen, dann kommt oft damit der Appetit. Es läuft einem das Wasser im Mund zusammen!

Versuchen Sie heute, besonders die Düfte und Gerüche in Ihrer Umgebung bewusst wahrzunehmen.
Am einfachsten ist es, wenn Sie morgens mit einer Tasse Kaffee oder Tee beginnen. Für viele ist der Kaffeeduft anregend und das Beste am Morgen. Schnuppern Sie heute bewusst in Ihre Kaffeetasse oder an Ihrem Tee.

Wenn Sie eine Schwäche für aromatisierte Tees haben, dann kennen Sie die Vielfalt der Duftnoten: Vanilletee, Weihnachtstee, Orangen, Zitronen-, Limonendüfte ... Schwelgen Sie in der Welt der verschiedenen Sorten. Entscheiden Sie bewusst, was zu Ihnen passt.

Mit jedem Schluck, den Sie zu sich nehmen, verbinden Sie eine kleine Übung.
Wenn Sie die warme und wohltuende Flüssigkeit schlucken, dann stellen Sie sich vor, dass mit jedem Schluck Lebenselixier in Sie hineinfließt, Wärme und anregende Energie. Nehmen Sie den Weg wahr, den der Tee oder Kaffee nimmt, durch Hals und Brustkorb in den Magen. Was würde Ihnen fehlen, wenn Sie diesen Tee oder Kaffee nicht hätten?

Mit jedem Schluck, ob Wasser oder Kaffee oder Tee wiederholen Sie Ihre Vorstellung, dass Kraft und Energie, aber auch Entspannung in Sie einströmen.
Das Trinken ist eine ideale Übung im Alltag, um sich an die göttlichen Geschenke zu erinnern.

## GEBET

*Meine Nase und mein Gaumen,*
*die für mich riechen und schmecken ermöglichen,*
*sind Geschenke von dir.*
*Ich möchte heute bewusst wahrnehmen,*
*welche Vielfalt von Eindrücken auf mich einströmt*
*durch Geruchs- und Geschmackssinn.*
*Hilf mir genießen, unterscheiden,*
*experimentieren und ausdrücken,*
*wie Duft und Geschmack mein Leben bereichern.*



## TRINKEN UND DURST STILLEN IN DER BIBEL

In vielen Stellen ist vom Wasser und von der Not der Menschen die Rede, die ihren Durst nicht stillen können, weil eine Trockenheit herrscht. Gott ist der Herr über den Regen und schenkt Leben durch das Auffinden einer Quelle: »Gott öffnete Hagar die Augen und sie erblickte einen Brunnen« (Gen 21,19). In den Psalmen finden sich Anklänge an das Trinken: »Du tränkst sie mit dem Strom deiner Wonnen« (Ps 36,9) oder Sattwerden an Gottes Brust: »Ich habe meine Seele ruhig gemacht und gestillt. Wie ein kleines Kind bei der Mutter ist meine Seele, Gott, in mir« (Ps 131,2). Trinken und Leben gehören symbolisch gesehen eng zusammen: »Ihr werdet Wasser schöpfen voll Freude aus den Quellen des Heils« (Jes 12,13).

Diese Symbolik greift Jesus auf in der Begegnung mit der Frau am Jakobsbrunnen: »Wer von diesem Wasser trinkt, wird wieder Durst bekommen; wer aber von dem Wasser trinkt, das ich ihm geben werde, wird niemals mehr Durst haben; vielmehr wird das Wasser ... in ihm zur sprudelnden Quelle werden, deren Wasser ewiges Leben schenkt« (Joh 4,13).

AM ABEND

Wie war Ihre Erfahrung, Duft und Geschmack wahrzunehmen? An welche Momente können Sie sich erinnern?

Schließen Sie Ihren Tag ab mit einer Wiederholung Ihrer Übung, mit einem Glas Wein oder einer Tasse Kakao oder Tee, wie Sie es am Abend am liebsten mögen.

VIERTE WOCHE – ZWEITER TAG

# Süßes

Die Unterscheidungsfähigkeit von süß und sauer ist dem Menschen angeboren.
Schon im Mutterleib kann ein Ungeborenes Süßes erkennen und schluckt Fruchtwasser, wenn es mit einer süßen Lösung durchsetzt wird. Es verzieht das Gesicht, wenn es eine salzige Lösung schmeckt und trinkt nichts davon.
Aus der Forschung wissen wir, dass Süßes vorgezogen wird.
Kein Wunder, dass Kinder besonders gern Süßigkeiten essen. Süßigkeiten sind ein schneller Energielieferant und stellen kurzfristig die Leistungsfähigkeit wieder her.

Bei den meisten Menschen verändert sich diese Vorliebe für Süßes im Laufe der Zeit. Welcher geschmackliche Typ sind Sie in Ihren Lieblingsspeisen? Mögen Sie die süße oder lieber die herzhafte Variante?

Im übertragenen Sinn spricht man von der Süße des Lebens oder nennt einen geliebten Menschen »süß« und »meine Süße!«
Nehmen Sie heute die »süßen Momente« des Tages besonders wahr. Das kann sich auf ein Lebensmittel beziehen, das so schmeckt. Es kann sich auf eine Situation oder eine Begebenheit beziehen, die Ihnen einfach »süß« erscheint, wohltuend, angenehm, schön. Wählen Sie aus, was es heute für Sie sein könnte.

Manche Erfahrung wird erst dadurch süß, dass sie durchlebt, durchgekaut, durchgestanden wurde. Wenn Sie nach getaner

Arbeit ausruhen und ihre Knochen spüren, eine warme Dusche nehmen, sich aufs Sofa legen, dann kann die »süße Erholung« erst nach dieser Anstrengung eintreten. Der Gegensatz macht die Süße so richtig erleb- und erfahrbar.

## GEBET

*Meine Nase und mein Gaumen,*
*die für mich riechen und schmecken ermöglichen,*
*sind Geschenke von dir.*
*Ich möchte heute bewusst wahrnehmen,*
*welche Vielfalt von Eindrücken auf mich einströmt*
*durch Geruchs- und Geschmackssinn.*
*Hilf mir genießen, unterscheiden,*
*experimentieren und ausdrücken,*
*wie das Süße mein Leben bereichert.*

## SÜSSES IN DER BIBEL

In der Bibel steht die Süße oft in Zusammenhang mit dem Honig, dem natürlichen Süßungsmittel jener Zeit. Die Lebensweisheit der Heiligen Schrift schlägt sich an vielen Stellen nieder in Bildern, die Süßigkeit beschreiben. So heißt es im Buch der Sprüche: »Freundliche Worte sind wie Wabenhonig, süß für den Gaumen, heilsam für den Leib« (Spr 16,24). Oder an anderer Stelle auf die Zuneigung bezogen: »Süßer als Wein ist deine Liebe« (Hld 1,2). Das Wort Gottes als geistliche Nahrung wird oft als süß bezeichnet und als wohltuend für den Menschen und seine Seele: »Die Urteile des Herrn sind süßer als Honig, als Honig aus Waben« (Ps 19,11). »Wie köstlich ist für meinen Gaumen deine Verheißung; süßer als Honig für meinen Mund« (Ps 119,103). Der Prophet Ezechiel verspeist in einer symbolischen Handlung buchstäblich das Wort Gottes und verinnerlicht es: »Ich aß sie (eine Schriftrolle mit Gottes Wort) und sie wurde in meinem Mund süß wie Honig« (Ez 3,3).

## AM ABEND

Welche »Süßigkeiten« gab es an diesem Tag? Gehen Sie in Gedanken die Stunden durch und bedenken Sie auch die kleinen Augenblicke mit Wohlwollen. Die kleinen Dinge können besonders süß sein.

Wenn Sie nichts Süßes entdecken können, sinnen Sie darüber nach, welche Erfahrung als Ersatz dafür stehen könnte.

Lassen Sie es gelten und stehen, wenn es heute nichts Süßes gab. Der Gegensatz dazu ist genauso wichtig wie die Erfahrung selbst.

## Vierte Woche – Dritter Tag

# Salziges

Das Salz in der Suppe, das sprichwörtlich der Speise Pepp und Geschmack gibt, gehört zum Leben dazu wie die Süße.
Prüfen Sie heute, was Ihrem Tag Würze und Geschmack gibt. Das können kräftige Eindrücke sein, eine prägende Erfahrung oder ein Erlebnis, das Sie nachhaltig beschäftigt. Es kann auch Salz in Ihren Wunden sein, wenn jemand mit einem unbedachten Wort an eine Verletzung rührt, die Sie schmerzt.

Salz ist ein Lebensmittel, das in der Vergangenheit sehr kostbar war, weil es selten vorkam. Man sprach vom Weißen Gold. Es wurde auf den Handelswegen transportiert und zu hohen Preisen verkauft.
Ohne Salz kann der Mensch nicht leben, aber zuviel Salz schadet ihm. Wie immer kommt es auf das rechte Maß an.

Spüren Sie dem Salzigen in Ihrem Tag heute nach. Schmecken Sie es als Kontrast zu dem, was gut und selbstverständlich erscheint, als Gegensatz zum Angenehmen und Leichten. Bewerten Sie die Erfahrung nicht, lassen Sie es gelten, dass es diesen Geschmack in Ihrem Leben gibt.

Schauen Sie, ob das Salzige für Sie eine Bedeutung haben kann, die Sie weiterführt. Welche positiven Wirkungen des Salzes fallen Ihnen ein?

GEBET

*Meine Nase und mein Gaumen,*
*die für mich riechen und schmecken ermöglichen,*
*sind Geschenke von dir.*
*Ich möchte heute bewusst wahrnehmen,*
*welche Vielfalt von Eindrücken auf mich einströmt*
*durch Geruchs- und Geschmackssinn.*
*Hilf mir genießen, unterscheiden,*
*experimentieren und ausdrücken,*
*wie das Salzige mein Leben bereichert.*

SALZ IN DER BIBEL

Als Gewürz gehört das Salz in der Bibel zu den kostbarsten Dingen. Deshalb wird es hoch geschätzt. Andererseits gibt es unfruchtbare Gegenden, die wegen ihres Salzgehalts kein Leben ermöglichen: »Er bleibt auf dürrem Wüstenboden, im salzigen Land, wo niemand wohnt« (Jer 17,6). »Gott machte fruchtbares Land zur salzigen Steppe« (Ps 107,34). So kommen die zwei Seiten zum Ausdruck: die lebensbedrohliche und die Leben spendende Eigenschaft von Salz.

Jesus greift die positive Kraft vom Salz in seinen Bildreden auf: »Ihr seid das Salz der Erde. Wenn das Salz seinen Geschmack verliert, womit kann man es wieder salzig machen?« (Mt 5,13). »Das Salz ist etwas Gutes. (...) Habt Salz in euch und haltet Frieden untereinander!« (Mk 9,49). Ähnlich ruft der Kolosserbrief zum Umgang miteinander auf: »Eure Worte seien immer freundlich, doch mit Salz gewürzt« (Kol 4,6).

## AM ABEND

Stellen Sie sich vor, Sie müssten auf Salz und Würze im Essen verzichten. Würde dieser Verzicht für Sie eine große Einschränkung bedeuten?

Fällt Ihnen ein Mensch aus Ihrem Freundeskreis ein, der ein »würziges«, herzhaftes Auftreten hat, ein Mensch mit vielen Ecken und Kanten, der ohne diese Eigenschaften langweilig und blass erschiene? Wie sähe Ihr Freundeskreis aus, wenn diese Charaktereigenschaft nicht mehr dabei wäre?

## Vierte Woche – vierter Tag

# Wohlgerüche

»Du duftest so gut!« – Welche Frau hört dieses Kompliment nicht gern! Das Aussuchen von Parfüm ist eine große Kunst. Es erfordert viel Fingerspitzengefühl, besser gesagt: Schnuppervermögen. Das Zusammenspiel von Haut und Duftstoffen sorgt dafür, dass ein Parfüm bei jeder Frau ein bisschen anders riecht.

Haben Sie ein Lieblingsparfüm? Benutzen Sie ein besonderes Deo, eine Körperlotion oder Seife, weil der Duft Ihnen gefällt? Nehmen Sie heute bewusst die Gerüche wahr, die beim Duschen, Haare waschen oder beim Zähneputzen entstehen. Es ist eine Wohltat, diese Körperpflegeprodukte nutzen zu können.
Denken Sie einmal darüber nach, was Ihnen fehlt, wenn Sie unterwegs sind und eines davon zu Hause vergessen haben; wenn Sie in einem Land leben müssten, in dem solche Düfte zum unerschwinglichen Luxus gehörten, ein Luxus, den Sie nicht bezahlten könnten.

So wird verständlich, dass im Alten Testament eine Buße darin besteht, sich nicht zu waschen, sich nicht die Haare zu schneiden und »in Sack und Asche« zu sitzen, wie es Hiob getan hat.
Dieser Verzicht auf Körperpflege kommt uns völlig abwegig vor. Es ist ein Trauerritus, ein Ausdruck von Verzweiflung und Depression. Deutlich wird daran, wie sehr der gute Geruch der Sauberkeit einem Menschen dienen kann und ihm Ansehen verleiht. Vor sich selbst, vor den Menschen und auch vor Gott.

Sich zu pflegen und sich mit gutem Duft zu umgeben ist gottgefällig. Diesen Sinn zu entwickeln gehört nicht zur Eitelkeit und zum Tand, wie es frühere Generationen lehrten. Es ist wichtig für die Selbstachtung und für eine positive Ausstrahlung.

## GEBET

*Meine Nase und mein Gaumen,*
*die für mich Riechen und Schmecken ermöglichen,*
*sind Geschenke von dir.*
*Ich möchte heute bewusst wahrnehmen,*
*welche Vielfalt von Eindrücken auf mich einströmt*
*durch Geruchs- und Geschmackssinn.*
*Hilf mir genießen, unterscheiden,*
*experimentieren und ausdrücken,*
*wie Wohlgerüche mein Leben bereichern.*

## DUFT IN DER BIBEL

Wohlgerüche sind Ausdruck von Schönheit, Ansehen und Pflege. Diesen Luxus konnten sich nur wenige Menschen erlauben, in Besonderem die Könige und ihre Frauen und Töchter: »Von Myrrhe, Aloe und Kassia duften all deine Gewänder« (Ps 45,9). In der Zeit der Brautwerbung spielten sie eine Rolle, das bezeugt das Hohelied der Liebe: »Köstlich ist der Duft deiner Salben« (Hld 1,3). »Durchweht meinen Garten, lasst strömen die Balsamdüfte!« (Hld 4,16).

Im Neuen Testament zeigt die Begegnung mit einer Frau, die Jesus salbt, wie sehr das Verwenden eines Aromaöls mit Verehrung und Auserwählung verbunden ist (Lk 7,37; Joh 12,3). Weiter dient der Duft im übertragenen Sinn als Bild für eine Gott wohlgefällige Lebensweise: »Denn wir sind Christi Wohlgeruch für

Gott ... Den einen sind wir Todesgeruch, der Tod bringt; den anderen Lebensduft, der Leben verheißt« (2 Kor 2,15).

## AM ABEND

Suchen Sie einen Duft aus, der Ihnen heute Abend gut tut.

Das kann ein Aromaöl sein, das Sie ihrem Bad zufügen. Oder ein Massageöl, mit dem Sie sich etwas Gutes tun. Der angenehme Duft, der einem Duftlämpchen oder einer Duftkerze entströmt.

Öffnen Sie Ihre Sinne für die Welt der Düfte, schwelgen Sie in einer Symphonie des Wohlgeruchs.

## Vierte Woche – fünfter Tag

# Rauch

Weihrauch wird von alters her im Gottesdienst verwendet. Mit diesem Duft verbinden wir Feierlichkeit und Hervorhebung eines festlichen Rituals wie das Umschreiten des Altars, das Segnen der Gemeinde, der Osterkerze und des Zelebranten.
Weihrauch können Sie selbst verwenden, wenn Sie Weihrauchkörner in einer feuerfesten Schale auf einem Stück glühender Kohle brennen lassen. Er hat eine reinigende und klärende Wirkung auf die Seele.
Sie können ihn für einen besonderen Gebetsanlass verwenden: Wenn Sie eines Menschen intensiv gedenken, wenn Sie eine Bitte um Versöhnung im Herzen tragen, wenn Sie vorhaben, umzukehren und neu zu beginnen.

Eine gute Tradition ist es, an Neujahr die Wohnung mit Weihrauch in den Händen zu durchschreiten. In jeder Ecke, in jedem Winkel darf es einen gesegneten Neubeginn geben.

Räucherstäbchen in den verschiedensten Duftnoten können Ihrer Wohnung einen eigenen Akzent verleihen, mit Sandelholz-, Zedern- oder Weihrauchduft. Duftender Rauch dient so dazu, eine besondere Atmosphäre zu schaffen. Er kann helfen, schlechte Gerüche zu vertreiben, etwa die Ausdünstungen von neuen Möbeln.
Achten Sie heute auf Rauch in seinen vielfältigen Formen, auch in Zusammenhang mit Zigaretten- oder mit Kerzenrauch.

## GEBET

*Meine Nase und mein Gaumen,*
*die für mich Riechen und Schmecken ermöglichen,*
*sind Geschenke von dir.*
*Ich möchte heute bewusst wahrnehmen,*
*welche Vielfalt von Eindrücken auf mich einströmt*
*durch Geruchs- und Geschmackssinn.*
*Hilf mir genießen, unterscheiden,*
*experimentieren und ausdrücken,*
*wie wohlriechender Rauch mein Leben bereichert.*

## RAUCH IN DER BIBEL

Der Weihrauch ist in der Bibel für den Gottesdienst bestimmt: »Nehmt euch Räucherpfannen, tut Feuer hinein und legt Weihrauch für den Herrn darauf« (Num 16,6).

Im übertragenen Sinn soll der Wohlgeruch Gott erreichen: »Wie ein Rauchopfer steige mein Gebet vor dir auf« (Ps 141,2). Die Kulthandlungen sind immer mit Duft und Räucherwerk verbunden: »Wie Zimt und duftendes Gewürzrohr, wie beste Myrrhe strömte ich Wohlgeruch aus ... wie Weihrauchwolken im heiligen Zelt« (Sir 24,15).

Im Neuen Testament bringen die drei Weisen dem neugeborenen Kind ihre Verehrung entgegen: »Da fielen die Sterndeuter nieder und huldigten ihm. Dann holten sie ihre Schätze hervor und brachten ihm Gold, Weihrauch und Myrrhe als Gaben dar« (Mt 2,11).

## AM ABEND

Welche Düfte sind Ihnen heute begegnet? Gab es einen Wohlgeruch oder sind Sie auch dem Gestank begegnet?

Wie ein Mensch oder eine Wohnung riecht, ist etwas sehr Persönliches.

Welche Erinnerungen an Ihre Kindheit verbinden Sie mit typischen Gerüchen? Suchen Sie die Verbindung von Duft und Erinnerungsbildern, die Ihnen gut tun.

VIERTE WOCHE – SECHSTER TAG

# Essen

Gutes Essen hat seinen eigenen Duft. Wenn Sie den Geruch einer Mahlzeit wahrnehmen, wissen Sie schon, ob sie Ihnen schmecken wird.
Die Erfahrung sagt Ihnen, ob der Geruch von Sauerkraut für Sie angenehm oder weniger angenehm ist; ob frisch gebackenes Brot Ihnen Appetit macht oder ob Sie älteres Brot vorziehen.

Nehmen Sie sich heute vor, einem ungewöhnlichen Essensduft nachzugehen. Das kann ein Besuch in einem chinesischen Restaurant sein mit seinen exotischen Gewürzen. Oder kochen Sie selbst etwas, das aromatische Düfte enthält. Verwenden Sie frische Kräuter, die intensiv duften, wie Dill, Petersilie, Schnittlauch, Salbei, Rosmarin. Ihre Sinne werden durch den Duft von Gewürzen und Kräutern angeregt, noch bevor der Geschmackssinn sich entfaltet.



Probieren Sie den intensiven Duft von Früchten, die gerade angeboten werden: reife Erdbeeren, Pfirsiche, eine frisch angeschnittene Ananas, Mango oder Papaya, alles hat einen unverwechselbaren eigenen Duft.

Nehmen Sie den Unterschied zwischen einer echten Vanilleschote und dem Vanillezucker in der Tüte bewusst war. Schnuppern Sie mit geschlossenen Augen und probieren Sie aus, ob Sie beides allein durch das Riechen auseinander halten können.

## GEBET

*Meine Nase und mein Gaumen,*
*die für mich Riechen und Schmecken ermöglichen,*
*sind Geschenke von dir.*
*Ich möchte heute bewusst wahrnehmen,*
*welche Vielfalt von Eindrücken auf mich einströmt*
*durch Geruchs- und Geschmackssinn.*
*Hilf mir genießen, unterscheiden,*
*experimentieren und ausdrücken,*
*wie Duft und Geschmack eines guten Essens mein Leben*
*bereichern.*

## NAHRUNG UND ESSEN IN DER BIBEL

In der Bibel sind das Essen und die Zubereitung der Speisen wichtig, nicht nur um des Überlebens willen, sondern als Ausdruck von Gemeinsamkeit und Gastfreundschaft. Viele Stellen geben davon Zeugnis:

Abraham bereitet den Engeln unter der Eiche von Mamre ein Mahl und bedient sie gastlich (Gen 18,8). Am Linsengericht entscheidet sich das Erstgeburtsrecht zwischen Jakob und seinem Bruder Esau (Gen 25,30). Das Volk Israel schlachtet ein Lamm vor dem Auszug aus Ägypten und bereitet es auf eine vorgeschriebene Art zu (Ex 12,4). In der Wüste essen die Israeliten das Manna, das vom Himmel fällt (Ex 16,15).

An anderen Stellen geht es um das verheißene Heil Gottes, das durch ein Gastmahl zum Ausdruck kommt. »Der Herr ... wird auf diesem Berg für alle Völker ein Festmahl geben mit den feinsten Speisen, ein Gelage mit erlesenen Weinen, mit den besten und feinsten Speisen« (Jes 25,6). »Kauft Getreide und esst, kommt und kauft ohne Geld ...! Hört auf mich, dann bekommt ihr das Beste zu essen« (Jes 55,1-2). Im Neuen Testament ist das Mahl das zentrale Heilsereignis. In der Mahlgemeinschaft mit Jesus ist die größtmögliche Gottesnähe ausgedrückt: »Denn mein Fleisch ist wirklich eine Speise und mein Blut ist wirklich ein Trank« (Joh 6,55).

AM ABEND

Gibt es Lieblingsspeisen und Gerichte, die für Sie typisch sind? Ein Essen, das Ihre Mutter immer zubereitet hat und das Sie an Ihre Kindheit erinnert?

Lassen Sie diese Erinnerungen, die mit wohlschmeckenden Genüssen verknüpft sind, aufsteigen und verweilen Sie dabei.

Nehmen Sie Ihren Geruchs- und Geschmackssinn als Gabe an, um das Leben in seiner Vielfältigkeit in allen Facetten zu genießen.

## Vierte Woche – siebter Tag

# Blumen

Blumen und blühende Bäume verströmen ihren Duft freigiebig, um Bienen, Hummeln und andere Insekten anzulocken. Wie viele Wohlgerüche sind im Frühling und Sommer zu erschnuppern, wie viele süßen Erinnerungen knüpfen sich daran! Gehen Sie heute auf die Suche nach dem Duft der verschiedenen Blüten, die zu dieser Zeit in der Natur aufbrechen.

Im Frühling der zarte Geruch des ersten Gartenveilchens, das in seiner Winzigkeit intensiv zu duften vermag. Das ausgeprägte Aroma des Flieders, der Maiglöckchen und der Krokusse, der Fresien, der Narzissen, des Ginsters in seiner gelben Blütenpracht.
Später im Sommer der Duft von Lindenblüten, süßlich und betörend, die Freilandrose mit ihrem vollen Rosenaroma. Schnuppern Sie an Lavendelbüschen, am Jasmin, nehmen Sie den intensiven Geruch der Lilien wahr. Pflücken Sie einen Strauß von Blumen oder stellen Sie sich Zweige in eine Vase und freuen Sie sich an ihrem Duft.
Wenn Sie im Herbst oder Winter diese Anleitung lesen, wählen Sie sich andere duftende Dinge aus der Natur. Die glänzenden, frisch aus der Schale gesprungenen Kastanien, das feuchte Laub auf den Waldwegen, im Winter der Geruch von Tannenzweigen und von gelagerten aromatischen Äpfeln.

Lassen Sie die Düfte als Botschaft Gottes an Sie sprechen.

## GEBET

*Meine Nase und mein Gaumen,*
*die für mich Riechen und Schmecken ermöglichen,*
*sind Geschenke von dir.*
*Ich möchte heute bewusst wahrnehmen,*
*welche Vielfalt von Eindrücken auf mich einströmt*
*durch Geruchs- und Geschmackssinn.*
*Hilf mir genießen, unterscheiden,*
*experimentieren und ausdrücken,*
*wie die Düfte und Gerüche der Natur mein Leben*
*bereichern.*

## BLUMEN IN DER BIBEL

Das Blühen und Heranwachsen ist in der Bibel ein Bild für Wohlgefälligkeit und Schönheit des Menschen.

Besonders im Hohelied kommen viele poetische Anklänge vor, die dem Wohlgeruch und dem Erblühen der Geliebten Ausdruck verleihen. »Eine Lilie unter Disteln ist meine Freundin unter den Mädchen« (Hld 2,2). »Wie eine Blume auf der Wiese ließ ich dich wachsen. Und du bist herangewachsen, bist groß geworden und herrlich aufgeblüht« (Ez 16,7).

Eine zweiter Gedanke in den Schrifttexten ist die Vergänglichkeit des Menschen, wenn er dahinwelkt wie die Blume auf dem Feld (Jes 40,6), weil er sterblich und hinfällig ist: »Der Mensch geht wie die Blume auf und welkt, flieht wie ein Schatten und bleibt nicht bestehen« (Ijob 14,2). Deshalb ist es gut, sich nicht zu sorgen: »Lernt von den Lilien, die auf dem Feld wachsen. ... Selbst Salomo war in all seiner Pracht nicht gekleidet wie eine von ihnen« (Mt 6,28).

## AM ABEND

Frischen Sie Ihr Duftgedächtnis noch einmal auf. Welche Aromen haben Sie Ihrer Nase heute gegönnt? Erleben Sie die Gerüche der Natur in der Erinnerung nach. Getrocknete Rosenblätter in einer Schale als Anregung können dies unterstützen.

Verweilen Sie in der Phantasie in einem blühenden Rosengarten oder stellen Sie sich einen blühenden Orangenhain vor, durch den Sie lustwandeln.

# SCHLUSS

Wenn Sie einige Zeit geübt haben, Gottes Spuren im Alltag zu entdecken, blicken Sie auf die vergangenen Tage zurück. Hat sich an diesen Tagen durch die Aufmerksamkeit auf die Sinne etwas in Ihrem Erleben verändert? Vielleicht haben Sie kleine Dinge bewusster wahrgenommen. Vielleicht konnten Sie sich Zeit nehmen, Gottes Wirken in Ihrer Umgebung zu deuten und zu erkennen. Blicken Sie zurück und versuchen Sie die Chancen zu entdecken, die sich aufgetan haben: mehr Lebendigkeit, mehr Nähe zu sich selbst, mehr Berührung mit Gott, dem Liebhaber des Lebens (vgl. Weish 11,26).

www.schwabenverlag.de

Gestaltung: Finken & Bumiller, Stuttgart
Umschlagfotos: oben: © mauritius images, Fotograf: Czajka
unten: © getty images, Fotograf: Rene Frederick
Bilder im Innenteil: K. Michels
Herstellung: Clausen & Bosse, Leck
Printed in Germany

ISBN 3-7966-1217-2

# Ein spiritueller Begleiter zwischen »Hoch« und »Tief«

Gerlinde-Maria Gard /
Annette Gawaz
**Wetterfest**
Achtsam leben
mit Sonne, Regen und Wind

Format 13,9 x 22 cm
152 Seiten
durchgehend gestaltet
Paperback
ISBN 3-7966-1142-7

Die unterschiedlichen Wetterlagen können Symbol für das Leben sein und aufmerksam machen auf die eigene »Wetterkarte«: Im Sturm kann das Leben neu geordnet werden, das Sonnenlicht lockt, was sich verkrochen hat, der Regen tränkt, was dürr ist, der Nebel lässt die Sehnsucht spüren. Die meditativen und erzählende Texte, Geschichten und Gebete sind eine kreative Einladung und ein ungewöhnlicher geistlicher Begleiter durch die inneren und äußeren Wetter.

Schwaben**verlag**
www.schwabenverlag.de